W0065497

Hamburger Edition

Michael Wildt

Volk, Volksgemeinschaft, AfD

Hamburger Edition

Hamburger Edition HIS Verlagsges. mbH
Verlag des Hamburger Instituts für Sozialforschung
Mittelweg 36
20148 Hamburg
www.hamburger-edition.de

Umschlaggestaltung: Wilfried Gandras
Satz aus der Minion Pro von Dörlemann Satz, Lemförde
Druck und Bindung: CPI books GmbH, Leck
Printed in Germany
ISBN 978-3-86854-309-4
2. aktualisierte Auflage Juni 2017

Inhalt

Einleitung

»Wir sind das Volk!« Ein anspruchsvoller Satz, vor allem in einer Demokratie, in der Macht und Regierung vom Volk ausgehen soll. Doch: Wer ist das Volk?

Das Volk als Ganzes bleibt unsichtbar. In der Regel tritt es alle vier oder fünf Jahre indirekt in Erscheinung und gibt bei Wahlen seine Stimme ab, um die Abgeordneten in der Volksvertretung, dem Parlament, zu wählen. Demnach bestünde das Volk aus den wahlberechtigten Bürgerinnen und Bürgern. So will es auch das Grundgesetz, das im Artikel 20 ausführt: »Sie [die Staatsgewalt, M.W.] wird vom Volke in Wahlen und Abstimmungen und durch besondere Organe der Gesetzgebung, der vollziehenden Gewalt und der Rechtsprechung ausgeübt.« Nimmt man zur Kenntnis, dass Kinder und Jugendliche bis zu einem bestimmten Alter ebenso nicht wählen dürfen wie zahlreiche Menschen, die in Deutschland leben und hier ihre Steuern und Sozialversicherungsbeiträge bezahlen, und erinnert man außerdem daran, dass in allen europäischen Staaten Frauen erst im Laufe des 20. Jahrhunderts das aktive und passive Wahlrecht erkämpft haben, dann wird rasch deutlich, dass das »Volk« keineswegs mit der Bevölkerung übereinstimmt und sogar nur eine Minderheit darstellen kann. Zieht man dann noch in Betracht, dass ein Großteil der Staatsbürgerinnen und Staatsbürger ihr Wahlrecht nicht mehr ausüben, könnte man selbst bei Großen Koalitionen von Minderheitsregierungen sprechen. Das Volk, so Niklas Luhmann spöttisch, ist »nur ein Konstrukt, mit dem die politische Theorie Geschlossenheit erreicht.

Oder anders: wer würde es merken, wenn es gar kein Volk gäbe?«[1]

Es gibt indes Momente in der Geschichte, in der das Volk sichtbar wird und mit Macht auf die politische Bühne der Weltgeschichte tritt, ohne dass jemand nach Repräsentativität und gewählten Vertretern fragt. Die beiden Urereignisse westlicher Demokratiebegründung, die Amerikanische und Französische Revolution, haben mit großem Pathos für sich in Anspruch genommen, dass mit ihnen das Volk die illegitime Obrigkeit abschüttelt und beginnt, sich selbst zu regieren. »Die Souveränität ruht im Volk; sie ist einheitlich und unteilbar, unverjährbar und unveräußerlich«, heißt es in der französischen Verfassung von 1793. Hat jemand, außer den Repräsentanten und Nutznießern des alten Regimes, den orangefarbenen Massen in Kiew 2004 das Recht abgesprochen, die Neuwahl des Präsidenten durchzusetzen, obwohl die zentrale Wahlkommission die Wahl von Janukowytsch für rechtmäßig erklärt hatte? Niemand fragte nach der Repräsentativität der Menge auf dem Maidan, die von sich erfolgreich behaupten konnte, für das ukrainische Volk zu sprechen, ja, das ukrainische Volk zu verkörpern.

Und niemand, der die revolutionären Ereignisse im Herbst 1989 in der damaligen DDR verfolgt hat, hat den Demonstranten in Leipzig, Berlin und anderswo, die »Wir sind das Volk« gerufen haben, die Legitimität dieses Anspruchs abgesprochen. War dieser Satz, von vielen im Westen unbeachtet, zunächst vor allem ein trotziger Protest gegen die Staatsmacht, die von sich behauptete, eine Volksregierung zu sein, und nun mit Volkspolizisten ge-

---

1   Luhmann, Politik der Gesellschaft, S. 366.

gen eine angeblich verschwindend kleine, vom Westen gesteuerte Oppositionsbewegung vorging, die Betonung also auf dem ersten Wort »Wir« lag, so machte der rasch folgende Slogan »Wir sind ein Volk« mit Betonung auf »ein« klar, dass der politische Anspruch weiter reichte – und zugleich sich differenzierte.

»Wir sind das Volk« konnte auch bedeuten, Volk der DDR zu sein und in einem eigenen deutschen Staat die Parteidiktatur abzuschütteln und Volkssouveränität durchzusetzen. Kennzeichnend war die kleine semantische Verschiebung von »das« zu »ein« im Oktober und November 1989. »Wir sind ein Volk« brachte deutlicher die Vereinigung mit der Bundesrepublik und über die Forderung nach Demokratie hinaus die Vorstellung vom Volk als geeinter Nation zum Ausdruck. Eben diese Gleichsetzung von Volk und Nation und die Forderung nach Einheit lagen den Nationalstaatsbestrebungen des 19. Jahrhunderts zugrunde. Das Volk war nicht allein die Versammlung von Staatsbürgerinnen und Staatsbürgern auf einem bestimmten Territorium, sondern diese gehören einer bestimmten Nation an – und umgekehrt: Alle Angehörigen einer Nation, wie immer sie man definieren mag, hatten demzufolge das Recht, in einem eigenen, unabhängigen Staat zu leben.

Wer zur Nation, zum Volk gehörte, unterlag unterschiedlichen Bestimmungen. Sicherlich war die gemeinsame Sprache ein grundlegendes Merkmal; manche Sprachen mussten erst geschaffen werden, um den Anspruch, Nation zu sein, darauf gründen zu können. Eine spezifische nationale Geschichte war ein zweites unerlässliches Kriterium der Nationsbestimmung, und nicht zufällig entstand im 19. Jahrhundert in Europa die (nationale)

Geschichtsschreibung als eigenständige Disziplin. Die Notwendigkeit einer wissenschaftlichen Beglaubigung einer eigenen, von anderen Nationen abgegrenzten Geschichte brachte Historiker stets in die Nähe zur nationalen Ideologie und Legitimierung der offiziellen Nationalstaatsräson.

Geschichte ließ sich aber auch radikaler als gemeinsame Abstammung verstehen, die nicht bloß einen genealogischen Ursprung in grauer Vorzeit meint, sondern damit auch einen biologischen Zusammenhang herstellt, eine »Blutsverbundenheit«, die all diejenigen ausschließt, die zwar im Laufe der Geschichte zur Nation hinzugestoßen sind, aber eben nicht über das »gemeinsame Blut« verfügen. Mochten Juden oder Polen in Deutschland sich noch so sehr bemühen, ihre nationale Loyalität zu beweisen, der Vorwurf, sie besäßen »fremdes Blut«, schloss sie unweigerlich von der deutschen Nation aus. Antislawismus und Antisemitismus sind daher immer Begleiter einer »völkischen« Definition des Volkes.

Diese Ethnisierung des Volkes, wie sie etliche Beobachter markiert haben, ist vor allem für das 20. Jahrhundert charakteristisch. Indem das Volk naturalisiert wird, sich folglich nicht mehr über Verfahren des Rechts als Staatsvolk konstituiert, löst sich die Nation, so hat Ulrich Bielefeld argumentiert, als politische Form der modernen Gesellschaft auf.[2] Während in den Nationalstaaten des 19. Jahrhunderts Minderheiten mit repressiven Nationalisierungspolitiken ihrer kulturellen Differenz beraubt wurden, stempelt die ethnisierte, biopolitische, »völkische« Definition des Volkes die Andersheit des »Anderen«

2 Bielefeld, Nation und Gesellschaft.

zu einer Naturtatsache, ruft unentrinnbar genetische und nicht mehr bloß genealogische Differenzen auf, die per definitionem nicht assimiliert werden können. Mörderische Politiken der Segregation, ethnische »Säuberungen«, Vertreibung bis hin zur massenmörderischen Vernichtung lösten im ausgehenden 19. und beginnenden 20. Jahrhundert die vormaligen Assimilationsprojekte ab. Die nationalsozialistische »Volksgemeinschaft« wurde zum Inbegriff eines rassistischen und antisemitischen Konzepts des Volkes, das Exklusion und Ermordung von »Gemeinschaftsfremden«, »Fremdvölkischen« zur Konsequenz hatte.

Wer heute also über Volk und Volksgemeinschaft redet, darf die Abgründe des »Volkes« nicht ignorieren. Der emphatische Bezug der AfD auf das Volk, das laut propagierte Selbstverständnis, »Lobbypartei des Volkes« zu sein, das sich in erster Linie aus der Gegnerschaft zu einer als korrupt, inkompetent und verantwortungslos empfundenen politischen Elite speist, ist daher nicht mit dem bloßen Hinweis zu widerlegen, die AfD benutze das Volk als politische Mogelpackung. Der Rückzug auf ein staatsbürgerliches Verständnis von Volk und Demokratie ist ehrenwert, verdeckt jedoch, dass die »völkische« Auffassung des Volkes möglich ist und, wenn sie vom Volk gebilligt wird, »demokratisch« legitimiert verwirklicht werden kann. Hätte es 1935 in Deutschland freie Wahlen gegeben – und die Abstimmung im Saarland im Januar 1935, die unter internationaler Aufsicht stattfand, gibt durchaus eine Ahnung davon –, wäre die Zustimmung zu Hitler und der NSDAP zweifellos übermächtig gewesen. Die gewalttätige Politik gegen die linke Opposition, gegen die deutschen Juden, gegen kranke und behinderte Menschen, die vor aller Augen lag, hätte den Wahlsieg der Nationalsozialisten nicht beeinträchtigt. Selbst wenn man annehmen kann, dass viele Deutsche weder Konzentrationslager noch Antisemitismus unterstützten, so haben sie doch mit der Zustimmung zum Regime, zu dessen Politik, ein »völkisches« Volk zu schaffen, die Exklusion all derer, die nicht zur Volksgemeinschaft gehörten sollten, gebilligt.

Um diese Untiefen soll es in diesem kleinen Buch gehen, das keine umfassende, geschichtswissenschaftliche Analyse darstellt, sondern vielmehr eine historisch-politische Intervention. Volk und Volksgemeinschaft sind politisch, kulturell und sozial definierte Gemeinschaften, bei denen stets um die Zugehörigkeit, um Inklusion und Exklusion, gekämpft wurde. Darum argumentiere ich in diesem Buch vor allem als Historiker, auch wenn politikwissenschaftliche, demokratietheoretische Konzepte von Volk selbstverständlich berücksichtigt werden. Im Zentrum steht jedoch das Volk als »*imagined community*« (Benedict Anderson), dessen Definition durchaus fluid, umkämpft und nicht von vornherein gegeben ist. Die Auseinandersetzung mit der AfD und deren Volksbezug kann daher auch nicht mit einem bequemen Hinweis auf das Grundgesetz geführt werden, sondern benötigt auch ein gehöriges Maß an Selbstreflexion und Selbstkritik. Das »Volk« ist ein Leviathan, der keineswegs per se gut, vernünftig und friedlich ist.

Daher braucht es, so werde ich am Schluss argumentieren, eine Öffnung in der Diskussion um das Volk. Weniger in der (erneuten) Etablierung einer staatsbürgerlichen, nicht-»völkischen« Definition des Volkes sehe ich ein zukunftsweisendes Konzept in einer globalisierten Welt, in der Völker und Nationen sich längst aufzulösen begonnen haben. Mein Vorschlag lautet, sich auf Hannah Arendt zurückzubesinnen und Menschen, die das Recht haben, Rechte zu haben, in den Mittelpunkt des politischen Denkens zu stellen. Nicht die Zugehörigkeit zu einem Volk, das stets als Einheit im Kollektivsingular bestimmt wird, sondern die Wahrung von Rechten konkreter Menschen könnte einen Weg weisen, um den Widersprüchen und Ambivalenzen zu entgehen, die dem Begriff des Volkes von Anfang an inhärent sind, dessen Radikalisierungspotenzial das 20. Jahrhundert auf schreckliche Weise unter Beweis gestellt hat.

Für die zweite, aktualisierte Auflage habe ich neu erschienene Studien zu Demokratie und Populismus eingearbeitet, Ereignisse wie die Wahl Donald Trumps oder die Präsidentschaftswahlen in Frankreich berücksichtigt sowie vor allem im Kapitel zur AfD die politische Entwicklung der Partei in den vergangenen Monaten bewertet.

I Volk

Der Begriff Volk führt stets die blutigen Kämpfe, die in seinem Namen geführt werden, mit sich: die Abgrenzungen nach oben und unten, nach innen und außen. Das Staatsvolk will nichts gemein haben mit dem Pöbel, der Menge, den Massen; allein das Wort Volksherrschaft, gar in der Doppelung Volksdemokratie, ruft die Assoziationen Terror, Anarchie und Willkür hervor. Das auserwählte Volk Gottes glaubt sich gegenüber den ungläubigen Völkern in einer unzweifelhaften Position der Überlegenheit; das Volk, zur Nation gekürt, verwandelt die Bevölkerung eines Territoriums in eine Abstammungsgemeinschaft oder in Staatsbürger, die sich ebenfalls mit der ganzen Kraft des naturrechtlichen Vernunftanspruchs zur modernisierenden Herrschaft über andere Völker berufen fühlen. Wer den Begriff des Volkes in den Mund nimmt, sogar beansprucht, Volk zu sein, wird sich daher fragen lassen müssen, welches Volk er meint.

Das klassische Volk

Im antiken Griechenland bezeichnete der Begriff *demos* die Versammlung der freien männlichen Bürger einer *polis,* wohingegen mit *ethnos* all diejenigen »barbarischen« Völker benannt wurden, die außerhalb der griechischen Welt lebten. Zum *demos* gehörten weder Frauen noch Sklaven und auch keine Fremden (Metöken), sondern waffenfähige Männer von unbescholtener, athenischer Geburt. Das »Volk« im antiken Athen war eine Bürgerversammlung, nicht Staatsvolk im modernen Sinn. In der Stadt Athen und seiner Umgebung lebten im 5. Jahrhundert v. u. Z. etwa 200 000 Menschen, darunter rund 60 000 erwachsene Männer, von denen 30 000 als Vollbürger galten – also etwa 15 Prozent der Bevölkerung, die über die Geschicke Athens unmittelbar entschieden.

Die »Entstehung des Politischen bei den Griechen« (Christian Meier) bedeutete die Trennung in die häusliche Sphäre des *oikos,* wo der Familienvater weiterhin ein autonomes despotisches Regime führte, dem sich Frauen wie Sklaven zu unterwerfen hatten, und die öffentliche Sphäre der *polis,* des städtischen Gemeinwesens. Wer sich am Wohl der *polis* nicht beteiligte, verlor seine Bürgerrechte und wurde als »schlechter Bürger«, wie es in einer von Thukydides überlieferten Rede des Perikles hieß, aus der Gemeinschaft ausgeschlossen.

Alle Entscheidungen, die die *polis* betrafen, wurden in der Volksversammlung getroffen, die etwa vierzig Mal im Jahr zusammentrat und von einem Rat der 500 vorbereitet wurde, dessen Mitglieder für jeweils ein Jahr anteilig in den zehn Bezirken Athens ausgelost wurden. Auch die Besetzung der politischen, militärischen, religiösen Ämter wurde entweder von der Volksversammlung bestimmt oder ausgelost. Per Los wurden auch die Bürger ausgewählt, die als Laienrichter die »Dikasterien«, die Volksgerichte, bestückten, denen jeweils etwa 500 Richter angehörten. Es gab kein kodifiziertes Recht, sondern wie in der Volksversammlung entschieden die Richter je nach Fall und eigenem Urteil.

Was die Athener »erfanden«, war die Gleichheit der Bürger. Schon mit den Reformen des Kleisthenes zum Ende des 6. Jahrhunderts v. u. Z. wurde Rechtsgleichheit (Isonomie) aller männlichen, freien Bürger eingeführt; der Adel musste sich mit dem »Volk« politisch arrangieren. 462/61 v.u.Z. schließlich wurde der Areopag, der Adelsrat, entmachtet, seine Mitglieder getötet oder vertrieben. In den nächsten 150 Jahren erlebte die Volksherrschaft in Athen Höhen und Tiefen, wie die Regierungszeit des Perikles auf der einen und die Errichtung von Oligarchien und die Hinrichtung Sokrates' auf der anderen Seite.

Die Untiefen demokratischer Herrschaft analysierte Aristoteles (384–322 v.u.Z.) schonungslos, der als Metöke keinen Anteil an der Athener Politik haben durfte, sie jedoch genau beobachtete und reflektierte. In Aristoteles' kritischem Blick kann man von einer Demokratie sprechen, »wenn die Freigeborenen und Armen, die die Mehrzahl bilden, als Souverän die Macht innehaben«[3] und diese zu ihrem Vorteil nutzen können. Zwar war die Gefahr, dass ökonomische Eigeninteressen das Politische korrumpieren könnten, auch bei den anderen Regierungsformen gegeben wie der Einzelherrschaft, Monarchie, die in Tyrannis ausarten kann, oder der Herrschaft Weniger, Aristokratie, die sich zu einer Oligarchie radikalisieren kann. Aber in der Demokratie, in der nicht Herkunft, Bildung, Besitz Kriterien für Herrschaft sind und in der Demagogen, also begabte Redner, die Möglichkeit besitzen, die Volksmeinung durch das Schüren von Emotionen zu beeinflussen, befürchtete Aristoteles, dass nicht das Gemeinwohl der *polis* als vielmehr eigennützige Zwecke im Mittelpunkt der Politik stünden. Konsequent war bei ihm die Demokratie der Begriff für die verfehlte Herrschaft der Vielen, deren gelungene, auf den allgemeinen Nutzen gerichtete Form er Politie nannte.

3   Aristoteles, Politik, Buch IV, 4 1290b.

Wie also können sich Tugenden wie Vernunft, Besonnenheit, Maß und Gemeinwohlorientierung in der Politik durchsetzen? Während für Platon (428/27–348/47 v. u. Z.), den Lehrer von Aristoteles, der Ausweg in einer totalitären Herrschaft von Philosophen bestand, setzte Aristoteles auf eine Mischverfassung, die monarchische, aristokratische und demokratische Elemente verband und so eine Ordnung der *polis* schuf, die zugleich Bedingungen für die Entwicklung wie die Stärkung politischer Tugenden bot. Freiheit ist ebenso unverzichtbarer Bestandteil einer guten politischen Ordnung wie die Anerkennung der Ungleichheit bei gleichzeitiger politischer Gleichheit. *Polis* dürfe nicht als große Familie oder Haushalt missverstanden werden. Nicht die Einheit ist das Ziel gelungener Politik, sondern das Glück der Bürger. Auseinandersetzung und Vielfalt sind daher unverzichtbar. Ein Gefüge von sich gegenseitig kontrollierenden Institutionen, das die positiven Eigenschaften der unterschiedlichen Regierungsformen miteinander verknüpft, sowie die Erwartung, dass sich in einer solchen Ordnung die notwendigen politischen Tugenden aufgrund von Gewöhnung und Erziehung dauerhaft entwickeln werden, zeichnen das pragmatische und realistische Lösungsszenario von Aristoteles aus, ohne dass er das eigennützige Streben nach Reichtum und Macht, das jede gute Verfassung zerstört, unterschätzt hätte.

Der römische Staat war Republik, aber keine Demokratie. Zwar war für Cicero (106–43 v. u. Z.) die *res publica res populi*, waren die öffentlichen Angelegenheiten also eine Sache des Volkes. Aber das Volk war »nicht jede irgendwie zusammengescharte Ansammlung von Menschen, sondern die Ansammlung einer Menge, die in Anerkennung des Rechtes und der Gemeinsamkeit des Nutzens vereinigt ist«.[4] Obwohl plebejische Elemente seit den Aufständen der Gracchen in die politische Verfassung eingebaut wurden und die Volkstribune erweiterte Kompetenzen erhielten, blieb der Senat als aristokratische Institution das entscheidende Machtzentrum der römischen Republik. Eine auf Gleichheit basierende Bürgerherrschaft wie in Athen gab es in Rom nicht, und mit der Diktatur Cäsars löste sich die republikanische Verfassung auf, um schließlich mit Augustus als Kaiser wieder in die Monarchie zu münden.

Das Volk Gottes

Neben den klassischen Bestimmungen des Volkes als *demos* beziehungsweise *populus* darf im europäischen Kontext nicht die jüdisch-christliche Vorstellung des auserwählten Volkes Gottes außer Acht gelassen werden. In dem Moment der Bedrängnis, als sich die Israeliten als Zwangsarbeiter in ägyptischer Gefangenschaft befanden, versprach Gott dem Mose die Rettung aus der Sklaverei: »Ich nehme euch mir zum Volk, ich werde euch zum Gott, erkennen sollt ihr, daß ICH euer Gott bin, der euch führt, unter den Lasten Ägyptens hervor« (Exodus, 6,7; Übersetzung von Martin Buber und Franz Rosenzweig). Der besondere Status, den Juden und später dann ebenfalls Christen, für die Gott durch Christus mit ihnen einen neuen Bund geschlossen hat, als Volk Gottes für sich reklamieren, bedeutet sicherlich mehr Verpflichtung, die Gebote Gottes zu achten, als das überhebliche Gefühl des Auserwähltseins gegenüber anderen Völkern. Aber

---

4   Cicero, De re publica, Buch I, 25 (39).

der beanspruchte Bund mit Gott kann auch als einzigartig und exklusiv begriffen werden, der dem Wir-Gefühl eine erhöhende Dimension verleiht und die Grenzen gegenüber anderen, die nicht als zum Volk Gottes zugehörig erachtet wurden, verschärft. Die Vorstellung des auserwählten Gottesvolkes erhält in Verbindung mit dem Versprechen der Befreiung vom ägyptischen Joch zusätzlich eine eschatologische Bedeutung, nämlich die Hoffnung, dass Gott sein Volk in die Freiheit führen wird, in ein Leben ohne Unterdrückung. *Exodus* ist eine starke Verheißung, und kennzeichnenderweise sind die Gospel aus der Sklavenzeit, die auch heute noch in den afroamerikanischen Gemeinden gesungen werden, von eben diesem Bild der Befreiung, des Auszugs des Gottesvolks aus der Sklaverei, geprägt.

Demgegenüber war das christlich dominierte, europäische Mittelalter strikt hierarchisch gegliedert. Drei Stände bildeten die Gesellschaft: Adel, Klerus und Bauern, wobei die Städte zunehmend diese feudale Struktur unterliefen. Die entscheidende politische Herrschaftsfrage bestand darin, ob der kirchlichen oder der weltlichen Macht die Suprematie zustand. Mit seiner Theorie der zwei Reiche schuf Martin Luther (1483–1546) eine Balance, aber um den Preis, dass die Christenmenschen der weltlichen Obrigkeit Gehorsam schuldeten. Der Satz Jesu: »So gebt dem Kaiser, was dem Kaiser gehört, und Gott, was Gott gehört« (Matth 22, 21; Einheitsübersetzung), der als Antwort auf die Frage, ob man als Jude dem Römischen Reich Steuern zahlen solle, die Nichtigkeit materieller Dinge unterstreichen sollte, wurde nun politisch im Sinne einer Aufforderung zur Untertänigkeit interpretiert.

Wenn sich jedoch das niedere Volk, der Pöbel, der *vulgus,* die *inferiores, pauperes, minores* zusammenrotteten und sich gegen die Obrigkeit erhoben wie die aufrührerischen Bauern 1525, dann geriet auch rasch wieder die eschatologische Dimension des Gottesvolks in den Horizont, das gegen die irdischen, verderbten Mächte, gegen den Anti-Christ für das zukünftige Reich Gottes stritt. »das volck wirdt frey werden«, prophezeite Thomas Müntzer (1489–1525), »und Got will allayn der herr daruber sein.«[5]

Die Reformation, die Spaltung der Christenheit und die nachfolgenden katastrophischen konfessionellen Kriege im 16. und 17. Jahrhundert förderten die Vorstellung von der Notwendigkeit absoluter Macht: Souveränität. Jean Bodin (1529/30–1596), der mehrere Verfahren wegen Häresie über sich ergehen lassen musste und der mörderischen Bartholomäusnacht in Paris 1572 als mutmaßlicher Protestant nur knapp entkam, ebenso wie Thomas Hobbes (1588–1679), der 1640 aus England ins Pariser Exil floh und dort den *Leviathan* schrieb, reagierten beide auf den endgültigen Zusammenbruch der mittelalterlichen Weltordnung durch die Spaltung der Christenheit, indem sie in ihrer neuen politischen Theorie der Souveränität die Trennung von Glauben und Politik auf der einen und die strikte politische Einheit des Staates auf der anderen Seite forderten.

5   Müntzer, Schriften, S. 13 f.

Souveränität

»Unter der Souveränität ist die dem Staat eignende absolute und zeitlich unbegrenzte Gewalt zu verstehen«, lautete Bodins klassische Formulierung. Absolut und unbeschränkt sollte die Macht des Souveräns sein, nur den Gesetzen Gottes und der Natur unterworfen: »Der souveräne Fürst erkennt außer Gott keinen Höheren neben sich an.« Wichtigstes Merkmal seiner Souveränität war die Gesetzgebungskompetenz: »Es zeigt sich also, daß das Wesen der souveränen Macht und absoluter Gewalt vor allem darin besteht, den Untertanen in ihrer Gesamtheit ohne ihre Zustimmung das Gesetz vorzuschreiben.«[6] Bodin legte nicht von vornherein fest, in welcher der politischen Ordnungen, ob Monarchie, Aristokratie oder Demokratie, das Prinzip der Souveränität verwirklicht werden könne. Aber seine Argumentation lief darauf hinaus, dass nur ein Einzelner, ein Fürst, der absolute Souverän sein könne.

Während Bodin den Ursprung der Souveränität im Dunkel ließ, hat Thomas Hobbes gerade diesem Moment des In-Kraft-Setzens von Souveränität sein Hauptaugenmerk gewidmet. Den Anfang bilde ein Gesellschaftsvertrag, die Übereinkunft eines jeden mit jedem mit dem Zweck, eine einzelne Person oder eine Versammlung von Personen zu bestimmen, deren Handlungen und Entscheidungen als die eigenen anerkannt und befolgt werden. »Der alleinige Weg zur Errichtung einer solchen allgemeinen Gewalt, die in der Lage ist, die Menschen vor dem Angriff Fremder und vor gegenseitigen Übergriffen zu schützen und ihnen dadurch eine solche Sicherheit zu verschaffen, daß sie sich durch eigenen Fleiß und von den

6   Bodin, Sechs Bücher über den Staat, S. 205, 222, 482.

Früchten der Erde ernähren und zufrieden leben können, liegt in der Übertragung ihrer gesamten Macht und Stärke auf einen Menschen oder eine Versammlung von Menschen, die ihre Einzelwillen durch Stimmenmehrheit auf einen Willen reduzieren können.«[7]

Es ist ohne Frage eine der mächtigsten Staatskonzeptionen, die Thomas Hobbes entworfen hat. Hobbes, der als Anteilseigner der Virginia Company an der kolonialen Eroberung und Ausbeutung Nordamerikas beteiligt war, entwarf die bellizistische Ordnung einer weißen Siedlergesellschaft.[8] Um einerseits den recht- und machtlosen Zustand, in der jeder jedem Gewalt antun kann, zu beenden und die Sicherheit wie Wohlfahrt der Bürger zu gewährleisten, und andererseits alle Gewalt gegen die als »wilde Tiere« wahrgenommenen Einheimischen einzusetzen, fordert Hobbes einen omnipotenten Souverän, der nicht zwingend ein Einzelner sein muss, sondern auch eine Versammlung von Menschen sein kann. Totalitär ist die politische Ordnung von Thomas Hobbes nicht. Innerhalb der weißen Sklavenhaltergesellschaft entsteht der mächtige Souverän nur durch die freiwillige Vereinbarung aller mit allen, eben die Rechte, die jedem Individuum gleichermaßen zustehen, gemeinsam dem Souverän zu übertragen. Und der Einzelne behält sein fundamentales Recht auf Schutz des eigenen Lebens und auf Selbstverteidigung. Kann der Souverän diesen Schutz nicht mehr gewährleisten, erlischt der Souveränitätsvertrag, und jeder hat wieder jedes Recht auf alles – *bellum omnium contra omnes.*

---

7   Hobbes, Leviathan, S. 134.
8   Vgl. Därmann, Damnatio.

Jean-Jaques Rousseau (1712–1778) war es, der Volk und Souveränität miteinander verband. In seiner 1762 in Amsterdam erschienenen Schrift *Vom Gesellschaftsvertrag oder Prinzipien des politischen Rechts* konstatierte er zu Beginn: »Der Mensch ist frei geboren, und überall liegt er in Ketten«, um dann die Freiheit als das Merkmal, das den Menschen zum Menschen macht, zu postulieren: »Auf seine Freiheit zu verzichten heißt auf seine Eigenschaft als Mensch, auf seine Menschenrechte, sogar auf seine Pflichten zu verzichten.«[9] Die Schwierigkeit besteht also darin, eine politische Ordnung zu finden, die die Person und das Eigentum jedes einzelnen Menschen schützt und in der zugleich jeder Mensch frei bleibt. Die Lösung, so Rousseau, sei der Gesellschaftsvertrag: »Dieser Akt des Zusammenschlusses schafft augenblicklich anstelle der Einzelperson jedes Vertragspartners eine sittliche Gesamtkörperschaft, die aus ebenso vielen Gliedern besteht, wie die Versammlung Stimmen hat, und die durch ebendiesen Akt ihre Einheit, ihr gemeinschaftliches Ich *(son moi commun),* ihr Leben und ihren Willen erhält.«[10] »Der Rousseausche Gesellschaftsvertrag«, schreibt Wolfgang Kersting, »ist das Symbol der politischen Selbstermächtigung des Volkes.«[11]

Die Gesamtheit der Glieder heißt Volk *(peuple),* als Einzelne sind sie sowohl Bürger *(citoyens),* indem sie an der Souveränität teilhaben, als auch Untertanen *(sujets),* weil sie den Gesetzen unterworfen sind. Würden alle ihren partikularen Interessen nachgehen, gelangte man in

---

9   Rousseau, Gesellschaftsvertrag, S. 5, 11.

10   Ebenda, S. 18.

11   Kersting, Vertragsidee, S. 52.

einen Gewaltzustand, in dem nur das Recht des Stärkeren gilt. Eine Gesellschaft dagegen kann nur gebildet werden, wo das Gemeinsame zusammenbindet: »Wenn es nicht irgendeinen Punkt gäbe, in dem alle Interessen übereinstimmen, könnte es keine Gesellschaft geben.«[12] Dieser gemeinsame Punkt findet seinen Ausdruck in der *volonté générale,* im allgemeinen Willen des Volkes, der souverän, unveräußerlich, stets rechtens ist, auch wenn das Volk nicht immer das Gute zu erkennen vermag.

Selbstverständlich existieren individuelle oder Gruppeninteressen weiter, die sich im Willen der Vielen *(volonté particulière)* ausdrücken. Aber Fraktionskämpfe, Parteienstreit und Mehrheitsentscheidungen haben mit dem Volk nichts zu tun. Für Rousseau konnte die Souveränität des Volkes nicht veräußert oder durch eine Vertretung wie das Parlament repräsentiert werden. Volk existierte nur in dem Moment der Versammlung und in seinem allgemeinen Willen, der *volonté générale.* Das Volk kann Macht an eine Regierung übertragen, aber nicht seinen Willen. In dem Augenblick, in dem das Volk diesen allgemeinen Willen aufgibt, hört es auf, Volk zu sein. »Jedes Gesetz, das das Volk nicht selbst beschlossen hat, ist nichtig; es ist überhaupt kein Gesetz. Das englische Volk glaubt frei zu sein, es täuscht sich gewaltig, es ist nur frei während der Wahl der Parlamentsmitglieder; sobald diese gewählt sind, ist es Sklave, ist es nichts.«[13]

Rousseau hat damit den Mythos von der Einheit, der Homogenität des Volkes begründet. Der libertäre Gründungsakt des Gesellschaftsvertrages, eine Übereinkunft

12   Rousseau, Gesellschaftsvertrag, S. 27.
13   Ebenda, S. 103.

von freien Menschen, schafft keinen Leviathan wie bei Hobbes, sondern ein gemeinschaftliches Ich *(son moi commun)*. Das Volk wird damit aber keine bloße Versammlung von Bürgern (und Bürgerinnen), sondern ein Kollektivsubjekt. Bei Rousseau setzt sich das Gemeinwohl nicht vermittels argumentativer Vernunft in der Volksversammlung durch; vielmehr wird das Gemeinwohl mit der Konstruktion einer *volonté générale* unabdingbar verbunden. Obwohl der Wille des Volkes laut Rousseau nicht repräsentiert werde, so konzedierte er dennoch, dass die *volonté générale* auch von Einzelnen ausgedrückt werden könne. Solange das Volk die Freiheit habe, sich zu widersetzen, könnten die Befehle der Führer *(les ordres des chefs)* als Ausdruck des Gemeinwillens gelten. Schweigen bedeutet Zustimmung – eine Konstruktion, die später Carl Schmitt für seine faschistische Demokratietheorie aufgreifen wird.

Zweifelsohne stand für Rousseau die Freiheit im Mittelpunkt seines politischen Denkens. Das Problem, wie Freiheit und Staat zusammen möglich werden, ohne einander zu gefährden, hat er ebenso treffend erkannt wie das Problem von Repräsentation und Partizipation in der Demokratie. Daher wäre es viel zu billig und zu oberflächlich, wollte man seine Überlegungen vorschnell verwerfen. Rousseau ist ohne Zweifel einer der wichtigsten Theoretiker der Demokratie. Aber die Konstruktion einer *volonté générale*, die nur vom Volk direkt ausgehen kann, fördert die Vorstellung von der ungeteilten Einheit des Volkes ungemein. Von Rousseau aus entstehen in der Moderne sowohl die Konzeptionen der Homogenität und Identität des Volkes als auch die Versuchung, dass Gruppen, ob Wohlfahrtsausschuss oder Zentralkomitee, oder Einzelne, ob Volkstribun oder Diktator, für sich in Anspruch nehmen, die *volonté générale* des Volkes zu exekutieren.

We the people

»We the people of the United States«, so beginnt die Präambel der Verfassung der Vereinigten Staaten von Amerika aus dem Jahr 1787 und macht damit im ersten Satz klar, dass es kein Gott, kein Fürst ist, der diese politische Ordnung stiftet, sondern das Volk, das sich mit dieser Erklärung konstituiert. Bereits in der Unabhängigkeitserklärung von 1776 hielten die Vertreter der 13 nordamerikanischen Staaten fest: »We hold these truths to be self-evident, that all men are created equal, that they are endowed by their Creator with certain unalienable Rights, that among these are Life, Liberty and the pursuit of Happiness.« Die Regierung wird, so heißt es weiter, von den Bürgern gebildet und leitet ihre Macht allein von der Zustimmung derjenigen ab, die von ihr regiert werden. Wann immer die Regierung diese Prinzipien zerstört, hat das Volk das Recht, die Regierung zu verändern oder abzuschaffen und eine neue einzusetzen.

Die Amerikanische Revolution hatte ihre Ursprünge in der puritanischen Englischen Revolution des 17. Jahrhunderts. Begonnen als Auseinandersetzung zwischen dem britischen Parlament und dem König über die Kompetenzen des Parlaments, radikalisierte sich der Konflikt zu einem Bürgerkrieg und der Hinrichtung Charles I. 1649, auf die für mehrere Jahre eine puritanisch geprägte Republik unter Oliver Cromwell folgte. Nahezu dreißig Jahre zuvor waren radikale Puritaner, die mit der anglikanischen Church of England gebrochen hatten und ihre

Verfolgung befürchteten, mit der *Mayflower* nach Nordamerika aufgebrochen, um dort in freier Ausübung ihrer Religion eigene Siedlungen zu gründen. Die Pilgrim Fathers waren einer radikal kongregationalistischen Vorstellung verpflichtet, in der die puritanischen Gemeinden autonom waren und in der Gleichheit der (männlichen) Gemeindemitglieder gründeten.

Dass diese Tradition der Selbstverwaltung mit der britischen Kolonialverwaltung in Konflikt geraten musste, war zu erwarten, zumal die wachsende Prosperität der nordamerikanischen Kolonien den Streit über Abgaben an London immer wieder entfachte. »No taxation without representation« lautete der Wahlspruch der selbstbewusst auftretenden Kolonien, die Steuererhöhungen von politischer Partizipation abhängig machten. Als der Konflikt eskalierte, entschlossen sich die dreizehn britischen Kolonien in Nordamerika am 4. Juli 1776, ihre Unabhängigkeit zu erklären.

Die neu gebildete Konföderation erwies sich jedoch bald als zu schwaches Gebilde, um eine eigenständige Außenpolitik oder einheitliche Fiskalpolitik zu betreiben. Ein Aufstand verarmter Farmer in Massachusetts 1786 machte zudem die Sprengkraft sozialer Ungleichheit deutlich, so dass der Ruf nach einer neuen, verbindenden Verfassung der Vereinigten Staaten laut wurde, die 1787 vom Verfassungskonvent in Philadelphia ausgearbeitet wurde. Ziel war ein Bundesstaat auf der Basis von Repräsentation und strikter Gewaltenteilung: erstens eine Legislative mit dem »Prinzip der doppelten Repräsentation« (Kielmansegg), nämlich eine direkt gewählte Bürgervertretung, das Repräsentantenhaus, und eine indirekt gewählte Vertretung der Mitgliedsstaaten, der Senat, die zusammen den

Kongress bildeten; zweitens eine starke Exekutive in Gestalt der Präsidenten und drittens ein Oberstes Gericht, der Supreme Court, mit der Aufgabe, die Verfassungsnormen zu kontrollieren – insgesamt ein System von *checks and balances*, das die Dominanz einer Institution verhindern sollte.

Für den Verfassungsentwurf stritten erfolgreich die Autoren der *Federalist Papers*, die einer reinen Demokratie *(pure democracy)* eine klare Absage erteilten, weil sie eine Tyrannei der Mehrheit fürchteten. Menschen würden ihren Interessen und Leidenschaften folgen, was man beklagen könne, aber durch einen alleinigen Appell an die Tugend nicht ändern werde. »Der Eifer, unterschiedliche Meinungen in Glaubensdingen, in Fragen des politischen Systems und zu vielen anderen Fragen theoretisch wie auch praktisch zu vertreten; die Bindung an bestimmte politische Führer, die ehrgeizig um Vorrang und Macht konkurrieren; oder die Bindung an andere Personen, deren Schicksal für die Menschen emotional interessant ist, haben die Menschen in Parteien gespalten, die sich feindselig gegenüberstehen und eher dazu tendieren, die anderen zu schikanieren und zu unterdrücken, als für das Gemeinwohl zusammenzuarbeiten.«[14]

Wenn man nicht die Ursachen beseitigen könne, weil ein solches Verhalten eben in der Natur der Menschen liege, so müsse man dessen Konsequenzen bändigen. Direkte Demokratien, in denen das Volk abstimme, seien nie davor gefeit, dass eine selbstsüchtige Mehrheit alle anderen tyrannisieren und ausbeuten würde. Deshalb müsse

---

14 James Madison, Federalist, Artikel Nr. 10, zitiert nach Massing u. a., Demokratietheorien, S. 142.

man verhindern, dass derartige Leidenschaften bei einer Mehrheit entstünden beziehungsweise dass eine solche Mehrheit ihre tyrannischen Pläne realisieren könne. Ein förderatives Repräsentativsystem in einem großflächigen Staat mit strenger Gewaltenteilung sei daher der beste Weg für eine am Gemeinwohl orientierte Politik, weil dort die Vernünftigen sich am ehesten durchsetzen könnten.

Bezeichnenderweise lautete der Begriff, mit dem die *Federalists* die amerikanische Verfassungsordnung kennzeichneten, »Republik«, nicht »Demokratie«. Ein tiefes Misstrauen gegenüber dem Volk, das von Interessen und Leidenschaften getrieben sei, spricht aus der politischen Argumentation der *Federalist Papers*. Die *Anti-Federalists*, die Kritiker des Verfassungsentwurfs, hielten dagegen an dem Prinzip fest, dass nur die Bürger selbst die Gesetze beschließen könnten, denen sie sich unterwerfen sollten. Es mag Repräsentanten geben, aber die politischen Einheiten müssten klein und überschaubar bleiben, damit die Versammlung der Bürger stets die Kontrolle ausüben und die Repräsentanten jederzeit abwählen könne. Ein Repräsentativsystem, insbesondere eines Flächenstaats, führe notwendig dazu, dass sich die Volksvertreter von denjenigen, die sie repräsentieren sollen, entfremdeten. Schlimmer noch, sie würden ihre Macht missbrauchen und die Bürger unterdrücken.

Dieser demokratietheoretische Disput am Ende des 18. Jahrhunderts prägt die Debatte um die Art und Weise, wie das Volk herrschen könne, noch heute. Während die Federalists die Gefahr einer emotionalisierten, eigennützigen und Minderheiten drangsalierenden Mehrheitspolitik nüchtern sahen und mittels Repräsentation und Gewaltenteilung zwar an der Volkssouveränität festhielten, aber dem Volk gewissermaßen die Herrschaft entwinden wollten, beharrten die Anti-Federalists auf dem Grundsatz der Partizipation und Selbstregierung als Kernelemente von Demokratie.

Angesichts der politischen Probleme, die die dreizehn Staaten zu lösen hatten, war allerdings ein starker Bundesstaat der unvermeidliche Weg, und die amerikanische Verfassung verwirklichte zum ersten Mal eine republikanische Ordnung in einem Flächenstaat, die den künftigen Verfassungen in Europa als Vorbild dienen sollte. Repräsentation des Volkswillens durch das Parlament – was Rousseau kategorisch abgelehnt hatte – und Gewaltenteilung bilden seither die Kernelemente moderner demokratischer Staaten. Die Einwände der Anti-Federalists sind dennoch nicht vom Tisch. Die Entfremdung der Vertreter von denjenigen, die vertreten werden sollen, der Machtmissbrauch und die Korruption bei den Repräsentanten bilden ebenso wie mangelnde Möglichkeiten der Partizipation und die Wut über »die Politiker da oben« auch heute noch die Probleme moderner Demokratien.

Für beide, Federalists wie Anti-Federalists, war jedoch unzweifelhaft, dass das Volk aus weißen, besitzenden, Steuern zahlenden, männlichen Bürgern bestand. Die naturrechtlich begründete Präambel der Verfassung, der zufolge alle Menschen gleich erschaffen seien und von ihrem Schöpfer mit unveräußerlichen Rechten wie Leben, Freiheit und dem Streben nach Glück ausgestattet worden seien, bezog Frauen ebenso wenig ein wie die Sklaven oder die einheimische indianische Bevölkerung. »We the people« stellte bei aller naturrechtlichen Rhetorik nur einen kleinen Ausschnitt der Bevölkerung in den nordamerikanischen Staaten dar. Das »Volk« war eine Minderheit.

Gegenüber dem pragmatischen Ansatz der amerikanischen Federalists vereinte die Französische Revolution ein holistisches Verständnis des Volkes, das auf Rousseau beruhte, mit dem Prinzip der Repräsentation. Als Ludwig XVI. die Generalstände 1789 einberief, ahnte er wohl kaum, dass er damit das Ende der Monarchie eingeläutet hatte. Zu stark hatten sich die sozialen Gegensätze in der agrarischen Feudalgesellschaft verschärft, zu deutlich forderten nicht allein die städtischen Bürger, sondern auch die Lesekundigen in der Provinz politische Partizipation und eine »gute Regierung«, als dass all diese Konflikte noch im Rahmen des Ancien Regime hätten gelöst werden können. Das neue bürgerliche Selbstbewusstsein hatte der Abbé Sieyes (1748–1836) zu Beginn des Jahres 1789 in seiner Schrift *Was ist der Dritte Stand?* formuliert und den Anspruch erhoben, dass der Dritte Stand die wahre Vertretung Frankreichs sei. Nur wenige Wochen nach der Eröffnung der Generalstände erklärten sich die Abgeordneten des Dritten Standes am 17. Juni konsequent zur »Nationalversammlung« und arbeiteten eine neue Verfassung für Frankreich aus. Jacques-Louis Davids unvollendet gebliebenes Bild »Schwur im Ballhaus«, angelegt auf ein monumentales Gemälde von acht mal elf Metern Größe, zeigte erstmals eine Menge, die nicht bloß zuschaute oder akklamierte, sondern handelte.

Aber das reale Volk trat auch selbst auf den Plan. Als sich Meldungen verdichteten, dass der König möglicherweise mit Waffengewalt gegen die Nationalversammlung vorgehen wolle, stürmte eine Menge am 14. Juli 1789 die Bastille und fügte den königlichen Truppen eine entscheidende Niederlage zu. In der Erklärung der Menschen- und Bürgerrechte, die am 26. August 1789 von der Nationalversammlung verabschiedet wurde, hieß es feierlich, dass alle Menschen frei und gleich an Rechten geboren würden und der Zweck jeden Staates in der Erhaltung der natürlichen und unantastbaren Menschenrechte bestehe. Der Ursprung jeder Souveränität liege ihrem Wesen nach beim Volke. Keine Körperschaft und kein Einzelner könne eine Gewalt ausüben, die nicht ausdrücklich vom Volk ausgehe.

Aber wer soll, wer darf zum Volk gehören? Schon Olympe de Gouges (1748–1793) erzürnte sich gegen die Männer der Französischen Revolution, weil die Bürgerrechte den Frauen vorenthalten blieben. Sie hatte begriffen, so Gisela Bock, dass im Vokabular der Déclaration von 1789 *homme* nicht etwa Mensch, sondern Mann bedeutete.[15] Wenn Maximilien Robespierre (1758–1794) wortgewandt für das allgemeine, gleiche Wahlrecht eintrat, waren damit allein die erwachsenen freien Männer gemeint – Frauen und Sklaven ausgeschlossen.

Die Sklaven der französischen Karibik-Kolonie Saint-Domingue, die für sich nun das Recht in Anspruch nahmen, freie Menschen zu sein, stießen auf Widerspruch im revolutionären Paris und erzwangen ihre Anerkennung durch einen gewaltsamen Aufstand. Napoleon schickte 1802 ein Expeditionsheer in die Karibik, um die freie Regierung blutig niederzuschlagen und das Sklavenregime wiedereinzuführen. Doch die Bürger von Saint-Domingue griffen erneut zu den Waffen, vertrieben

15 Bock, Frauen in der europäischen Geschichte, S. 73.

die französische Armee und errichteten 1805 die freie Republik Haiti.

Wie übt das (männliche, weiße) Volk seine Gewalt aus? Wie formuliert es seinen Willen? Abbé Sieyes hatte Repräsentation und Gesetz im Sinn, als er in seiner Schrift schrieb: »Was ist eine Nation? Eine Körperschaft von Gesellschaftern, die unter einem gemeinschaftlichen Gesetz leben und durch dieselbe gesetzgebende Versammlung repräsentiert werden.«[16] Aber die Souveränität des Volkes kennt keine Grenzen, außer denen, die es selbst setzt – oder einreißt. Georg Büchner (1813 – 1837) hat diese Dimension der Volkssouveränität in seinem Theaterstück *Dantons Tod,* das 1834/35 entstand, hellsichtig beschrieben: Robespierre greift in eine Szene auf der Straße, in der eine Menge einen vermeintlichen Aristokraten lynchen will, mit den Worten ein: »Im Namen des Gesetzes!« Darauf fragt ein Bürger: »Was ist das Gesetz?«, und Robespierre antwortet mit gravitätischem Gestus: »Der Wille des Volkes«, worauf der Bürger erwidert: »Wir sind das Volk, und wir wollen, dass kein Gesetz sei; ergo ist dieser Wille das Gesetz, ergo im Namen des Gesetzes gibt's kein Gesetz mehr, ergo totgeschlagen!«[17]

»Wir sind das Volk.« Wenige oder sogar Einzelne können nach Rousseau für sich beanspruchen, den Willen des Volkes zu kennen und zu realisieren, solange das »Volk« schweigt und ihnen nicht in den Arm fällt. Robespierre nahm stets für sich in Anspruch, im Namen des Volkes und zu seinem Wohl zu sprechen und zu handeln. Denn das Ziel des Volkes sei die Freiheit. »Wir wollen

16 Sieyes, Was ist der dritte Stand?, S. 124.
17 Büchner, Sämtliche Werke, S. 16.

den Willen der Natur erfüllen«, so Robespierre vor dem Nationalkonvent im Februar 1794, »das Schicksal der Menschheit vollenden, das Versprechen der Philosophie halten und die Vorsehung von der langen Herrschaft des Verbrechens und der Tyrannei befreien.«[18] Zum Volk gehören jedoch nicht dessen Feinde: »Nur die friedfertigen Bürger müssen geschützt werden; und in der Republik sind nur die Republikaner Bürger. Die Royalisten und die Verschwörer sind für die Republik nichts als Fremdlinge oder vielmehr Feinde.«[19] Gegen sie ist jedes Gewaltmittel gerechtfertigt: »Wenn in friedlichen Zeiten der Kraftquell der Volksregierung die Tugend ist, so sind es in Zeiten der Revolution Tugend und Terror zusammen. Ohne die Tugend ist der Terror verhängnisvoll, ohne den Terror die Tugend machtlos. Der Terror ist nichts anderes als die unmittelbare, strenge und unbeugsame Gerechtigkeit […]. Die Revolutionsregierung ist der Despotismus der Freiheit gegen die Tyrannei.«[20]

Der Thermidor setzte dem Despotismus der selbsternannten Volksvertretung ein Ende. Danach galten Gesetz und Repräsentation als die Kernelemente für den Nationalstaat im 19. Jahrhundert, auch wenn es 1830 in Paris oder 1848 in ganz Europa immer wieder gewalttätige Aufstände des Volkes waren, die für einen, gleichwohl oftmals nur temporären, reversiblen, Demokratisierungsschub sorgten. »Die Revolutionen sind die Lokomotiven der Geschichte«, proklamierte Karl Marx (1818–1883) und formulierte damit ein furioses Fortschrittsverständnis,

18 Robespierre, Ausgewählte Texte, S. 585.
19 Ebenda, S. 596.
20 Ebenda, S. 594f.

indem er als Metapher die kräftigste und dynamischste Bewegungsmaschine wählte, die damals bekannt war.[21]

In der Neuzeit, insbesondere mit der Französischen Revolution, veränderte sich das Bewusstsein von Zeit und Geschichte nachhaltig. Zeit war kein ewiger Kreislauf mehr; der Zeithorizont öffnete sich zur Zukunft hin. »Um die eigene Zeit als einschneidend neu im Gegensatz zur vorausgegangenen und insofern alten Geschichte zu bestimmen, bedurfte es nicht nur einer unterscheidenden Einstellung zur Vergangenheit, sondern mehr noch zur Zukunft«, schrieb der Historiker Reinhart Koselleck. »Erst nachdem die christliche Enderwartung ihre stete Gegenwärtigkeit verlor, konnte eine Zeit erschlossen werden, die unbegrenzt und für das Neue offen wurde.«[22] Geschichte verwandelte sich in einen offenen Prozess, auf dessen Verlauf und Richtung Menschen Einfluss nehmen zu können glaubten. Geschichte wurde »machbar«, und auch das Volk erhielt eine Zukunftsdimension.

Mochte das Volk der Gegenwart auch schäbig, ungebildet und roh sein, so konnte es in der Zukunft zu sich selbst kommen und nach seiner wahren Bestimmung leben und herrschen. Das Volk, das sich erhebt, so forderte Robespierre bezeichnenderweise inmitten der Hungerunruhen in Paris im Februar 1793, muss ein Ziel haben, das seiner würdig ist. »Wenn das Volk sich erheben muss, dann nicht, um Zucker einzusammeln, sondern um die Ausbeuter niederzuschmettern.«[23] Volk war noch nicht, sondern musste es erst werden, musste hergestellt, ge-

21 Marx, Klassenkämpfe in Frankreich, S. 85.
22 Koselleck, »Neuzeit«, S. 315.
23 Zitiert nach Gallo, Robespierre, S. 176.

schaffen werden. »Der vernunftgemäße Staat lässt sich nicht durch künstliche Vorkehrungen aus jedem vorhandenen Stoffe aufbauen«, so Johann Gottlieb Fichte (1762–1814) in seiner sechsten Rede an die deutsche Nation 1808, »sondern die Nation muss zu demselben erst gebildet und heraufgezogen werden.«[24]

Charakteristisch für die semantische Entwicklung seit dem 18. Jahrhundert war die Homogenisierung des Begriffs, der, obwohl er all die verschiedenen Worte für unterschiedliche Bedeutungen nun im Kollektivsingular »Volk« aufsaugte, dennoch nicht eine einzige Bedeutung erzwingen konnte, sondern stets die unterschiedlichen Bedeutungsebenen bis in die Gegenwart mittrug – nur dass sie im Laufe der Zeit immer weniger kenntlich wurden und jeweils erschlossen werden müssen. Die Vielgestaltigkeit der Bedeutung, die Kriegsvolk ebenso erfassen konnte wie *plebs* und das gemeine oder niedere Volk, das Gottes- ebenso wie das Weibervolk, verblasste hinter der homogenen Fassade, ohne dass deshalb die ganz unterschiedlichen Vorstellungen, Beschreibungen, Verständnisse vom Volk deshalb verschwanden. Wenn wir heute wie selbstverständlich vom Volk reden, dann sind wir in Gefahr, diese Vielgestaltigkeit des Volkes hinter der Einheitlichkeit des Begriffs aus dem Blick zu verlieren. Erst wenn sich das Volk auf ganz ungewohnte Weise zu Wort meldet, werden wir daran erinnert, die glänzend glatte Fassade des Begriffs beiseitezuschieben und die buntscheckige und mitunter hässliche Realität des Volkes zur Kenntnis zu nehmen.

24   Zitiert nach Koselleck, Volk, Nation, S. 331.

Volk und Recht

Intellektuelle Konzepte für die Einhegung des ungestalten Volkes gibt es seit dem Moment seiner Inthronisierung als Souverän. Für Immanuel Kant (1724–1804), der die Französische Revolution aus dem fernen Königsberg beobachtete, konnte es nur einen Gesellschaftsvertrag geben, der die Volkssouveränität im Sinne von Selbstgesetzgebung und Freiheitssicherung begründete. Für die Glückseligkeit der Bürger hatte der Staat nicht zu sorgen. Das öffentliche Heil »ist gerade diejenige gesetzliche Verfassung, die jedem seine Freiheit durch Gesetze sichert: wobei es ihm unbenommen bleibt, seine Glückseligkeit auf jedem Wege, welcher ihm der beste dünkt, zu suchen, wenn er nur nicht jener allgemeinen gesetzmäßigen Freiheit, mithin dem Rechte anderer Mituntertanen Abbruch tut«.[25]

Kant dachte Volk und Staat vom Recht her. »Unter dem Wort Volk (populus) versteht man die in einem Landstrich vereinigte Menge Menschen, insofern sie ein Ganzes ausmacht. Diejenige Menge oder auch der Teil derselben, welcher sich durch gemeinschaftliche Abstammung für vereinigt zu einem bürgerlichen Ganzen erkennt, heißt Nation (gens); der Teil, der sich von diesen Gesetzen ausnimmt (die wilde Menge in diesem Volk), heißt Pöbel (vulgus), dessen gesetzwidrige Vereinigung das Rottiren (agere per turbas) ist; ein Verhalten, welches ihn von der Qualität eines Staatsbürgers ausschließt.«[26]

Der Staatsbürger stand im Mittelpunkt von Kants politischem Denken, wobei auch für ihn weder Frauen noch Hausbedienstete, Ladendiener, Tagelöhner Staats-

---

25 Kant, Über den Gemeinspruch, S. 147.
26 Zitiert nach Koselleck, Volk, Nation, S. 319.

bürger sein konnten, sondern nur diejenigen freien Männer, die ihre eigenen Herren sind, sprich Eigentum besitzen, welches sie ernährt. Allerdings, gab Kant zu, seien die Kriterien schwer zu bestimmen, um den Anspruch eines Menschen, sein eigener Herr zu sein, zu begründen.[27]

Wer einschließt, schließt aus. In Kants Welt ist die »wilde Menge«, der Pöbel, messerscharf vom ordentlichen Staatsvolk getrennt. Stets schon spannt sich der Begriff des Volkes auch in einen Rahmen ein, der oben und unten säuberlich unterscheidet. Das »gemeine Volk«, der *plebs*, die Diener, Tagelöhner, Frauen, gehören nicht dazu. Wenn von *minores, multitudo, vulgus* die Rede war, vom niederen Volk, von der unberechenbaren Menge, dem Pöbel, dann lag Bürgerkrieg und Aufruhr, »Rottiren« in der Luft.

Im 19. Jahrhundert wird die Volkssouveränität eng mit der Verfassungsordnung, gleich ob Republik oder konstitutionelle Monarchie, verknüpft. Recht und Gesetz geben Regeln vor, in denen das Volk seine Macht ausübt. Doch bleibt dem Prinzip der Volkssouveränität trotz aller Gesetzlichkeit die Möglichkeit des Umsturzes, der Revolution inhärent. Wenn alle Gewalt vom Volke ausgeht, wenn der Volkswille die Verfassung begründet, dann kann sich, wenn das Volk es will, auch die Verfassung ändern. Die stets mögliche Revolution ist, wie der Staatsrechtler Martin Kriele schreibt, die »Sprengkraft, die in der Idee der Volkssouveränität liegt«, die kein Verfassungsstaat ausschließen, allenfalls mäßigen und mildern könne.[28] Der Anspruch: »Wir sind das Volk« ist daher ein

27 Kant, Über den Gemeinspruch, S. 143.
28 Kriele, Einführung in die Staatslehre, S. 133.

machtvoller Satz, denn er erinnert alle Demokraten daran, dass das Volk, wenn es sich als solches legitimieren kann, souverän ist und Verfassungen, die ihm nicht mehr passen, über Bord werfen kann.

Daher besitzt die Definition, wer das Volk ist, in einer Demokratie eine so zentrale Bedeutung. Das staatsbürgerliche Volk ist prinzipiell keineswegs an die Gemeinsamkeit von Abstammung, Sprache oder Kultur gebunden. Im Sinne von Sieyes und Kant konnten sich Bayern, Württemberg, Sachsen daher durchaus als Nationalstaaten verstehen – und taten es auch, wie wir aus der neueren Nationenforschung wissen. Ebenso war Verfassungspatriotismus, die emphatische Konstituierung eines Volkes durch eine Verfassung, früh möglich. Im Juli 1818 rief der Historiker und Staatsrechtler Carl von Rotteck (1775–1840) zur Feier der neu verkündeten badischen Verfassung stolz aus: »Wir waren Baden-Badener, Durlacher, Breisgauer, Pfälzer, Nellenburger, Fürstenberger, wir waren Freiburger, Konstanzer, Mannheimer: ein Volk von Baden waren wir nicht. Fortan aber sind wir Ein Volk, haben einen Gesamtwillen und ein anerkanntes Gesamtinteresse, d.h. ein Gesamtleben und ein Gesamtrecht.«[29]

Aber das Volk lässt sich eben auch vorkonstitutionell behaupten, aufgrund seiner Geschichte, Kultur oder gar seines »gemeinsamen Blutes«. Diese Vorstellung, heutzutage eher mit dem Begriff der Ethnie gekennzeichnet, ist im europäischen Denken entscheidend durch Johann Gottfried Herder (1744–1803) geprägt worden, der jedes Volk zu einer kollektiven, mit Sprache, Seele und Charakter begabten Individualität aufwertete, wobei Sprache

29 Zitiert nach Liermann, Das deutsche Volk, S. 158

und Poesie dabei die Schlüsselrolle spielten. In Herders Welt lagen die einzelnen Völker noch gleichberechtigt nebeneinander, aber in der Fortentwicklung dieser Vorstellung konnte es nicht ausbleiben, dass sich Unterschiede als Hierarchien ausbildeten und einzelne Völker aufgrund ihrer »vornehmeren« Kultur, »höheren« Zivilisation sich zur Herrschaft über andere berufen sahen.

Kaum einer der Nationalstaaten des 19. Jahrhunderts vermochte eine einheitliche Nationalkultur aufzuweisen. Sie musste vielmehr, durchaus mit Zwang und Gewalt, erst geschaffen werden. Die jeweiligen Nationalisierungspolitiken, die vor allem der Durchsetzung einer Nationalsprache, eines einheitlichen Schulsystems und nicht zuletzt der Herausbildung einer Nationalgeschichtsschreibung dienten, zeugten von dem intensiven Bemühen, *Peasants Into Frenchmen* (Eugen Weber) zu verwandeln, also davon, die Nation im Staat erst noch herzustellen. Selbst ein Torso wie der kleindeutsche Fürstenbund, der sich 1871 unter Führung Preußens zusammenschloss und zum deutschen Nationalstaat erklärte – galt fortan als solcher. Das Ordnungsmodell blieb staatlich gedacht: »Jede Nation ist berufen und daher berechtigt, einen Staat zu bilden«, forderte der liberale Staatsrechtler Johann Caspar Bluntschli (1808–1881).[30]

In Deutschland dauerte es bis zum Jahr 1919, bis die Verfassung der Weimarer Republik bestimmte, dass die Staatsgewalt vom Volk ausgehe. Während die Franzosen auf die Nation als einheitlichen, zentralisierten Staat blicken konnten, schauten die Deutschen im 19. Jahrhundert auf eine Vielzahl kleiner Territorialstaaten, die zur Nation

30   Zitiert nach Schulze, Staat und Nation, S. 225.

zu vereinen eine Zukunftsaufgabe darstellte. Goethe und Schiller hofften, wie sie in ihren Xenien dichteten: »Zur Nation euch zu bilden, ihr hoffet es, Deutsche, vergebens; Bildet, ihr könnt es, dafür freier zu Menschen euch aus!«; der liberale Historiker Meinecke (1862–1954) suchte mit dem Unterschied von Staats- und Kulturnation der deutschen politischen Vielfalt eine Legitimation zu schaffen, die den politisch unbedingten Drang zu einem einheitlichen deutschen Nationalstaat hätte entschärfen können. An dem politischen Willen, ein homogenes und national überlegenes Deutschland zu schaffen, in dem insbesondere die von Preußen Ende des 18. Jahrhunderts annektierten polnischen Gebiete »germanisiert« werden, konnten jedoch weder der Appell der Weimarer Klassiker noch die historische Differenzierung Meineckes etwas ändern.

Der Grundsatz, dass jede Nation einen Staat bilde, bestärkte die bestehenden Staatsnationen wie Frankreich, Spanien oder Portugal in ihrer nationalen Homogenisierungspolitik. Für die noch staatenlosen Nationalbewegungen, vor allem in den drei multinationalen Imperien, dem russischen, Habsburger und Osmanischen Reich, bedeutete dieser Grundsatz eine Aufforderung, größere Autonomie oder auch den eigenen Nationalstaat zu fordern, notfalls mit Gewalt durchzusetzen. Griechenland löste sich 1827 ebenso wie Serbien und Bulgarien wenige Jahrzehnte später aus dem Osmanischen Reich; Belgien separierte sich von den Niederlanden und konstituierte sich 1830 als eigener Nationalstaat.

Gerade die klassische, konservative Staatsrechtsdefinition des 19. Jahrhunderts, die Trinität von Staatsgebiet, Staatsvolk und Staatsgewalt, war in einer ethnonationalen Interpretation geeignet, die vom Wiener Kongress

1815 gesetzte dynastische Staatenordnung Europas auseinanderzusprengen, was am Schicksal der drei Imperien deutlich abzulesen ist. Das Arrangement der Großmächte auf der Berliner Konferenz 1878 zur Klärung der »Orientalischen Frage« nach den Nationalstaatsgründungen von Griechenland, Serbien, Bulgarien und Montenegro vermochte nicht, Nation, Volk und Territorium auf der Balkanhalbinsel zu harmonisieren. Vielmehr förderte die unübersehbare Schwäche des Osmanischen Reiches das Begehren der jungen Nationalstaaten, ihr Territorium auszuweiten.

Schon die nationale Befreiung von Serbien, Griechenland und Bulgarien im 19. Jahrhundert war mit Vertreibungen besonders der muslimischen Bevölkerung verbunden. Am Vorabend des Ersten Weltkrieges erklärten Serbien, Bulgarien, Griechenland und Montenegro mit starker Unterstützung Russlands im Oktober 1912 dem Osmanischen Sultanat den Krieg und eroberten innerhalb weniger Wochen die noch verbliebenen osmanischen Gebiete auf der Balkanhalbinsel, in erster Linie Albanien, Thrakien und Makedonien. Doch brach das Bündnis rasch auseinander; die eben noch verbündeten Staaten bekriegten sich nun untereinander, weil die jeweiligen nationalen Ansprüche auf die gemeinsam eroberten Territorien konträr aufeinanderprallten.

Diese Balkankriege 1912/13 waren bereits durch all jene Gewaltphänomene gekennzeichnet, die wir heute als »ethnische Säuberungen« identifizieren. Jene Gewaltexzesse, die europäische Kolonisatoren in der kolonisierten Welt verübten, erreichten nun Europa selbst. Dörfer wurden umstellt und die Männer erschossen. Die übrige Bevölkerung, Frauen, Kinder, alte Menschen, wurden in der örtlichen Kirche oder Moschee zusammengetrieben, die Gotteshäuser dann angezündet, so dass die schutzlosen Menschen bei lebendigem Leib verbrannten. Zurückweichende Armeen verwüsteten ganze Dörfer, um die Bevölkerung zu vertreiben. Hatten früher Muslime in Thrakien sich noch dadurch zu schützen versucht, dass sie christliche Kreuze auf ihre Häuser malten, half dies in den Balkankriegen nicht mehr. Ihre Häuser wurden identifiziert und zerstört. Die kulturelle Aufladung der Kriege als »Befreiung« des christlichen Abendlandes vom »muslimischen Joch« führte insbesondere zur systematischen Vertreibung der muslimischen Bevölkerung von der Balkanhalbinsel. Oftmals half die Bevölkerung den Soldaten, indem sie die »Anderen« identifizierte, nahm an den Gewalttaten und Plünderungen teil und teilte nicht zuletzt das Land der vertriebenen Nachbarn unter sich auf. Von den 2,3 Millionen Balkan-Muslimen lebten nach neun Monaten Krieg, so stellt Michael Schwartz fest, nur noch 1,4 Millionen in den Balkangebieten.[31] Eine unabhängige Kommission der Carnegie Endowment for International Peace sammelte nach den Kriegen etliche Berichte über Massaker, Vertreibungen und andere Gewalttaten und vertiefte ihrerseits das Bild von einem »zivilisierten Europa« und einem »barbarischen Balkan«. Die neu eroberten serbischen, griechischen und bulgarischen Gebiete wurden einer rigorosen Siedlungspolitik unterworfen, obwohl beziehungsweise gerade weil die eigene Nationalität oftmals nur eine Minderheit darstellte.

Der erste Staatsvertrag über einen sogenannten Bevölkerungstransfer wurde im September 1913 zwischen

31 Schwartz, Ethnische »Säuberungen«, S. 302.

Bulgarien und dem Osmanischen Reich geschlossen, wobei bereits dieser Vertrag – ähnlich wie der von Lausanne zwischen Griechenland und der Türkei im Jahr 1923 – vornehmlich die Funktion hatte, die bereits vollzogenen Vertreibungen nachträglich zu legalisieren. Schon in diesen diversen Vertragswerken, mit denen neue territoriale Verhältnisse auf der Balkanhalbinsel kodifiziert werden sollten, erwies sich die Abgründigkeit des Unterfangens, ethnisch definierte Staatsgrenzen festzuschreiben. Wie entscheidet man, ob beispielsweise die Stadt Debar zu Albanien oder Serbien gehört? Die eine Seite bestand darauf, dass Debar überwiegend von albanischen Muslimen bewohnt werde, während die andere Seite anführte, die Stadt sei nie ein albanischer Mittelpunkt gewesen: zwar gebe es zwei orthodoxe Episkopate, eine bulgarische und eine serbische Schule, aber keine albanische; der gesamte Handel liege in den Händen von Christen, und die umliegenden Dörfer würden überwiegend von Christen bewohnt.[32]

Eric Hobsbawm hat darauf aufmerksam gemacht, dass ethnische Zugehörigkeit und der Sprachgebrauch gegen Ende des 19. Jahrhunderts zu zentralen Kriterien der Nationsbestimmung avancierten, wobei insbesondere diejenigen Gemeinschaftsverbände, die sich selbst zum Volk, zur Nation erklärten, ohne über einen eigenen Staat zu verfügen, das ethnische Argument in den Mittelpunkt stellten.[33] Und Michael Schwartz betont, dass ethnische »Säuberungen« als systematische Vertreibungen ganzer Volksgruppen ohne die modernen

32 Boeckh, Balkankriege, S. 44.
33 Hobsbawm, Nationen und Nationalismus, S. 122.

Apparate der Verwaltung, des Verkehrs- und Kommunikationswesens, der Wissenschaft und staatlicher Gewaltorganisationen nicht möglich gewesen wären.[34] Auf der Vorstellung vom gemeinsamen Blut, das ein Volk konstituiere, beruht das *ius sanguinis,* das eben nach diesem Kriterium die Staatsangehörigkeit festlegt und in Deutschland bis zum Ende des 20. Jahrhunderts Gültigkeit besaß. Dem Konzept des Volkes als *demos,* für das Rechtsgenossenschaft und staatsbürgerliche Gleichheit kennzeichnend sind, steht die Vorstellung vom Volk als *ethnos* gegenüber, in dem imaginierte Abstammungsgemeinschaften, Geschichtsmythen, Phantasmen von gemeinschaftlichem Blut und Boden miteinander verknüpft werden.

Bezogen auf Territorialität und Staat schaffen Entscheidungen über ethnische Zugehörigkeiten erst die Probleme, die sie zu lösen versprechen, weil jede ethnische Differenzierung erst die ethnischen Mehrheiten und Minderheiten herstellt, deren Existenz dann Forderungen nach ethnischer Homogenität des Territoriums auf den Plan rufen. Es lohnt sich meines Erachtens in diesem Zusammenhang, Michel Foucaults These aufzunehmen, der zufolge seit Ende des 18. Jahrhunderts ein neues Machtregime in Europa auftaucht, das nicht mehr von der Souveränität, vom Recht, zu töten, geleitet wird, sondern von Technologien der Macht, die sich auf das Leben richten, auf Prozesse der Geburtenkontrolle, Fertilitätsraten, Hygiene, Seuchenbekämpfung: »Bio-Politik«, wie Foucault dieses neue Machtregime nennt. »Man könnte sagen, das alte Recht, sterben zu *machen* oder leben zu

---

34 Schwartz, Ethnische »Säuberungen«, S. 11.

lassen, wurde abgelöst von einer Macht, leben zu *machen* oder in den Tod zu *stoßen.*«[35]

Mit der Herausbildung der Bio-Politik wird, so Foucault, der Rassismus ein grundlegender Mechanismus der Macht. Für diesen Rassismus, der in der biologistischen Definition eines Volkes gipfeln kann, ist der Staat keine notwendige Implikation. Bekanntlich wurden kulturelle Minoritäten in bestehenden Nationalstaaten mit repressiven Nationalisierungspolitiken bis zum Punkt der völligen Auflösung ihrer Identität assimiliert. Auf sie wurde erheblicher Druck und staatlicher Zwang ausgeübt, aber sie wurden nicht vernichtet. Im biopolitischen Regime führen rassistische Überzeugungen signifikante Unterscheidungen in das biologische Kontinuum ein, nicht zuletzt diejenige zwischen Lebensformen, die fortexistieren sollen, und jenen, die sterben müssen.

Das Konzept der Nation kann folglich ethnische Zuschreibungen beinhalten, die bereits Homogenitätsforderungen nach sich ziehen. Aber erst der Biologismus stempelt die Andersheit des »Anderen« zu einer Naturtatsache, ruft also unentrinnbar genetische und nicht mehr bloß genealogische Differenzen auf, die per definitionem nicht assimiliert werden können. Damit lösen mörderische Politiken der Segregation und Ausmerzung die vormaligen Assimilationsprojekte ab. Indem das Volk naturalisiert wird, sich folglich nicht mehr über Verfahren des Rechts als Staatsvolk konstituiert, löst sich die Nation, so die These von Ulrich Bielefeld, als politische Form der modernen Gesellschaft auf.[36]

---

35   Foucault, Wille zum Wissen, S. 165.
36   Bielefeld, Nation und Gesellschaft, S. 71.

Nach innen gerichtet konnte das Volk mit den biologischen Wissenschaften, insbesondere des Darwinismus und der Eugenik, über den Horizont einer bloß genealogischen Abstammungsgemeinschaft hinaus in zwei Richtungen konstruiert werden: zum einen zurückblickend als geschichtliche Blutsgemeinschaft und zum anderen, in die Zukunft gerichtet, als Züchtungsgemeinschaft, als biopolitisch erst herzustellendes Kollektiv. Das Phantasma des Neuen Menschen erhielt eine vermeintlich wissenschaftlich verifizierte »natürliche« Grundlage und durch die neuen biopolitischen Technologien zugleich eine praktische Option zur gesellschaftlichen Realisierung. Die »Optimierung des Volkskörpers« wurde zur staatlichen Aufgabe.

So wie Volk unter biopolitischer Perspektive nicht mehr verfassungsrechtlich als Staatsvolk zu fassen ist, so lässt sich auch das Territorium nicht mehr als kartografisch definiertes Staatsgebiet begreifen. »Lebensraum« wird zum Namen für Territorien biopolitisch verfasster Völker. Ein solcher »Lebensraum« reicht über staatliche Grenzen hinaus, stellt sie sogar infrage. Die Virulenz, mit der das Deutsche Reich, insbesondere nach 1933, die Frage der »Volksdeutschen« in Europa auf der Tagesordnung hielt, zielte nicht bloß auf die Revision des Versailler Vertrages, also die Rückkehr zu den Grenzen von 1914, sondern weit mehr auf die völkische Neuordnung Europas. Ähnlich agierten diverse andere europäische Pan-Bewegungen. Territorialkonstruktionen, wie etwa Großserbien, Großbulgarien oder Großgriechenland, griffen über bestehende Nationalstaatsgrenzen weit hinaus.

Der Kartografie fiel dementsprechend eine immense Bedeutung zu, konnte man doch, worauf Benedict Anderson aufmerksam gemacht hat, mithilfe von Landkarten ein politisch-geografisches Herrschaftsnarrativ konstruieren.[37] So war die Bildung der Nationalstaaten eng mit dem Zensus, also mit der Zählung und Segmentierung von Bevölkerungen, verbunden, aber ebenso ein Schauplatz politisierter Kartografie: Grenzen sollten neu festgelegt und in ihren Geltungen politisch durchgesetzt werden. Die biopolitisch inspirierten, neuen Karten des Volkes verzeichneten demgegenüber in erster Linie Sprach-, Kultur- und Lebensräume. Die dramatisierende Feststellung eines angeblichen Raummangels – *Volk ohne Raum* (Hans Grimm) – kulminierte, so Ulrike Jureit, in einer Politik der Eroberung und Schaffung neuer »Lebensräume«. »Fremde« Gruppen, die sich den jeweils konstruierten Zuordnungen nicht fügen, müssen sich demnach entweder mit einem inferioren Status in den markierten Räumen zufriedengeben oder das Land verlassen.[38]

Der Erste Weltkrieg, in dem alle Kriegsparteien ethnisch definierte Gruppen deportierten, wirkte als *Dammbruch in Europa* (Michael Schwartz). Die Formel vom Selbstbestimmungsrecht der Völker, die sowohl die Bolschewiki wie auch der amerikanische Präsident Woodrow Wilson am Ende des Ersten Weltkrieges in die Debatte warfen, konnte deshalb eine enorme politische Strahlkraft entfalten, weil sie auf ein Europa traf, das sich völkisch trennte. Während Wilson darunter in erster Linie das Recht auf demokratische Selbstregierung verstand, verwandelte sich die Formel vom Selbstbestimmungs-

37   Anderson, Erfindung der Nation, S. 176.
38   Jureit, Das Ordnen von Räumen, S. 250–286.

recht der Völker rasch in eine Forderung nach nationaler Unabhängigkeit und ethnischer Homogenität des Nationalstaates. Gerade die Verlierer des Ersten Weltkrieges und insbesondere die Nationalsozialisten nutzten die Forderung nach einem Selbstbestimmungsrecht, um eine Revision der Nachkriegsgrenzen zu begründen. Unschwer zu erkennen ist, welche politische Sprengkraft für die europäischen Staatsgrenzen selbst eine historiografische Diskussion um deutschen »Kulturboden« in Osteuropa besaß, wenn statt Staaten nunmehr Volkstum im Mittelpunkt des wissenschaftlichen Interesses stand. Mit der Forderung nach einem Selbstbestimmungsrecht der Völker ließen sich zudem Neuordnungspläne begründen, die auf ethnische Homogenität zielten und damit stets auch Vertreibungen von Minderheiten bedeuteten.

II Volksgemeinschaft

In dem Moment, als die Revolution im November 1918 die Monarchie und die deutschen Fürstentümer hinwegfegte und tatsächlich alle Macht vom Volk ausging, stand die »Volksgemeinschaft« bereits hoch im Kurs. Der Satz des deutschen Kaisers am 1. August 1914 vom Balkon des Berliner Schlosses aus an die versammelte Menge, dass er in dem bevorstehenden Krieg keine Parteien, sondern nur noch Deutsche kenne, bildete die Integrationsformel für die Kriegsgesellschaft. »Die Volksgemeinschaft ist niemals größer und beweglicher«, schrieb der Liberale Friedrich Naumann bereits vor dem Ersten Weltkrieg, »als wenn zusammen gestorben werden muß.«[39]

Der Satz des Kaisers war nicht zuletzt an jene gerichtet, die bislang von den wilhelminischen Eliten als unwillkommene politische Repräsentanten der Arbeiterbewegung behandelt wurden: die Sozialdemokraten, die sich prompt, als Wilhelm II. seinen Appell drei Tage später im Reichstag wiederholte, entgegen allen vorherigen pazifistischen Beteuerungen entschlossen, den beantragten Kriegskrediten zuzustimmen. Das »Zusammenstehen mit der Volksgemeinschaft in Not und Tod« sei das Gebot der Stunde, formulierte der Sozialdemokrat und spätere preußische Wissenschaftsminister Konrad Haenisch 1916.[40]

Und auch die deutschen Juden, die trotz aller Assimilationsbemühungen im Deutschen Kaiserreich als

39   Zitiert nach Götz, Ungleiche Geschwister, S. 87.
40   Zitiert nach Mai, »Verteidigungskrieg«, S. 591.

Fremde wahrgenommen wurden, hofften, durch ihr patriotisches Engagement endlich Teil der deutschen Volksgemeinschaft zu werden. Zum Gottesdienst am 5. August 1914 war die Synagoge in Berlin-Charlottenburg, die 2000 Menschen fassen konnte, überfüllt; Leo Baeck hielt die Predigt und erklärte, dass dieser Krieg über die Kultur und Gesittung Europas entscheiden werde. Der damals 32-jährige Romanist Victor Klemperer vertraute Anfang August 1914 seinem Tagebuch an, dass, sollte sich das Deutsche Reich behaupten, ein großes Glück aus diesem Krieg erwachse: nämlich eine »höhere Brüderlichkeit im Volk«.[41] Auch Martin Buber war von dieser Volksgemeinschaftsstimmung gefangen: »[N]ie ist mir der Begriff ›Volk‹ so zur Realität geworden wie in diesen Wochen.«[42] Mehr als zehntausend jüdische junge Männer meldeten sich freiwillig zur Armee; insgesamt dienten während des Ersten Weltkrieges 96 000 jüdische Soldaten im deutschen Heer, 12 000 starben, und 35 000 wurden mit Orden ausgezeichnet.

Der »Geist von 1914« wurde zur Formel für die geeinte deutsche Volksgemeinschaft, die in der Einheit und Geschlossenheit ihre Stärke erblickte, mit der sie jedem Feind zu trotzen glaubte. Doch zeigten sich bald Risse in der Kriegsgesellschaft, denn der erhoffte Blitzsieg blieb aus und Hunderttausende Soldaten starben im mörderischen Stellungskrieg. An der »Heimatfront« brachte die katastrophale Versorgung mit Lebensmitteln die städtischen Massen auf; Proteste, Streiks, Demonstrationen waren seit 1915 an der Tagesordnung. Doch konnte die

41   Klemperer, Curriculum Vitae, Bd. 2, S. 182.
42   Zitiert nach Barkai/Mendes-Flohr, Aufbruch und Zerstörung, S. 17.

Hoffnung auf den Sieg auf der anderen Seite immer noch zahlreiche Menschen mobilisieren. 1917 entstand die Deutsche Vaterlandspartei mit Großadmiral von Tirpitz als Parteivorsitzendem, deren Kerngedanke darin bestand, den »Geist von 1914« lebendig zu halten. Innerhalb eines Jahres gelang es der Vaterlandspartei, fast eine halbe Million Mitglieder zu gewinnen. Mit zahlreichen Propagandaaktionen und Massenversammlungen, mit Plakaten, Flugblättern und Broschüren suchte sie den Siegeswillen der »Volksgemeinschaft« zu stärken und jede Forderung nach einem Verständigungsfrieden zu denunzieren.

Alle Gewalt geht vom Volke aus

Die Revolution, die mit dem Aufstand der Matrosen in Kiel Anfang November 1918 begann, rasch die Massen in den Städten erfasste und innerhalb von nur wenigen Tagen das alte politische System stürzte, traf auf eine gespaltene Gesellschaft und verschärfte die Gegensätze noch. Wo die einen glaubten, nun sei die Zeit reif für den Sozialismus und ein Räte-Deutschland, erblickten die anderen eine kommunistische Bedrohung, die Deutschland in ein bolschewistisches Chaos führen werde. Antisemitismus, der während des Krieges nur mühsam gedeckt worden war, loderte erneut auf. Juden wurden für die Niederlage verantwortlich gemacht; jüdisch waren angeblich die Bolschewisten. Dem Deutsch-völkischen Schutz- und Trutzbund, der die Vaterlandspartei beerbte und mit hasserfüllter antisemitischer Agitation Politik machte, schlossen sich 180 000 Menschen an. In dieser zerrissenen Gesellschaft geriet die Formel von der »Volksgemeinschaft« bei den regierenden Sozialdemokraten, die sich der Schwäche ihrer revolutionären Macht allzu bewusst waren, zu einer Beschwörung der Einheit und der Akzeptanz der neuen, republikanischen Ordnung.

Der liberale, jüdische Staatsrechtler Hugo Preuß, der am 15. November 1918 von Ebert mit der Ausarbeitung eines Verfassungsentwurfs beauftragt wurde, hatte tags zuvor im *Berliner Tageblatt* programmatisch geschrieben: »Nicht Klassen und Gruppen, nicht Parteien und Stände in gegensätzlicher Isolierung, sondern nur das gesamte deutsche Volk, vertreten durch die aus völlig demokratischen Wahlen hervorgehende deutsche Nationalversammlung, kann den deutschen Volksstaat schaffen. Sie muss ihn baldigst schaffen, wenn nicht unsagbares Unheil unser armes Volk vollends verelenden soll. Gewiss muss eine moderne Demokratie vom Geiste eines kräftigen sozialen Fortschritts erfüllt sein; aber ihre politische Grundlage kann niemals der soziale Klassenkampf, die Unterdrückung einer sozialen Schicht durch die andere bilden, sondern nur die Einheit und Gleichheit aller Volksgenossen.«[43]

Das Volk, das Hugo Preuß im Sinn hatte, war nicht das Volk des August 1914, und diese Volksgemeinschaft bedeutete keine Rückkehr zum wilhelminischen Obrigkeitsstaat. Nicht mehr der Kaiser mit Gottesgnadentum oder ein Fürstenbund, sondern das politische staatsbürgerliche Volk bildete die Legitimationsgrundlage einer Volksgemeinschaft, die, wie Steffen Bruendel betont, durchaus politisch deutungsoffen ist, national oder sozialistisch, konservativ oder völkisch interpretiert werden

43 Preuß, Volksstaat, S. 367 f.

konnte und alle politischen Richtungen zur Identifikation einlud.[44]

»Das Deutsche Reich ist eine Republik. Die Staatsgewalt geht vom Volke aus«, lautete wuchtig der Artikel 1 der Weimarer Verfassung vom 11. August 1919. Aber wer das Volk sei und vor allem, wie es herrschen solle, darüber teilten sich die Meinungen. Für die meisten Abgeordneten der Nationalversammlung blieb »Volk« ein ganzheitlicher Begriff im Singular. Selbst jene Parteien auf der Rechten, die der Republik kritisch bis ablehnend gegenüberstanden, beriefen sich auf das Volk, wenn sie ihre verfassungspolitischen Forderungen vertraten. Nur selten regte sich Widerspruch wie beim sozialdemokratischen Abgeordneten Hugo Sinzheimer, der in der Debatte um die Abschaffung der Todesstrafe den rechten Fraktionen entgegenhielt: »Wer ist denn dieses Volk, auf das man sich immer beruft? Wir glauben, dass es nur eine kleine und dünne Schicht des Volkes sind, die heute die Todesstrafe erhalten wollen.«[45]

In die Weimarer Verfassung flossen diese unterschiedlichen Vorstellungen vom Volk ein, sowohl dessen angenommene ideelle Einheit als auch dessen tatsächliche Heterogenität. Das Pathos in der Präambel der Verfassung ließ ein durchaus vom Staatsbürgervolk unterschiedenes vorkonstitutionelles Volk aufscheinen: »Das deutsche Volk, einig in seinen Stämmen und von dem Willen beseelt, sein Reich in Freiheit und Gerechtigkeit zu erneuern und zu festigen, dem inneren und dem äußeren Frieden zu dienen und den gesellschaftlichen Fortschritt zu för-

---

44 Bruendel, Volksgemeinschaft, S. 140.
45 Zitiert nach Bollmeyer, »Volk«, S. 70.

dern, hat sich diese Verfassung gegeben.« Dieses Volk wurde offenkundig nicht erst durch die Verfassung politisch geschaffen; es existierte bereits zuvor und gab sich als handelndes Subjekt eine Verfassung. »Jeder Versuch«, so der Weimarer Staatsrechtler Hans Liermann 1927, »an dieser Stelle das deutsche Volk als irgend eine seelenlose bloße Summe von Individuen zu interpretieren, würde dem, was in der Präambel gesagt werden soll, ins Gesicht schlagen.«[46] Volkssouveränität müsse in einem höheren Sinn als der landläufigen Auffassung verstanden werden, wonach das Volk an der Staatsgewalt teilnehme. Volkssouveränität sei die Anerkennung des Volkes als »staatsschöpfende Urkraft. Das Volk ist nicht, wie in der Demokratie, *in* den Staat gestellt, sondern *über* den Staat. Es ist nicht Organ des Staates, sondern sein Herr.«[47]

So formulierte in der Nationalversammlung auch der sozialdemokratische Abgeordnete Simon Katzenstein, dass über dem gewählten Parlament das Volk stehe, »das durch die Volksgesetzgebung seinen Willen souverän über dem Willen des Reichstages gelten machen kann«.[48] Das Misstrauen gegen eine repräsentative Demokratie war hoch; das Parlament sollte nicht die einzige Institution sein, in der sich der Volkswille artikulierte. Hugo Preuß selbst unterstrich, dass die Verfassung keinen »Parlaments-Absolutismus« schaffen wolle, sondern in voller Absicht »neben das Parlament als höchstes Organ des Gemeinwesens den vom Volk unmittelbar gewählten Reichsprä-

46 Liermann, Das deutsche Volk, S. 166.
47 Ebenda, S. 170 (Hervorhebungen im Original), vgl. Lepsius, Begriffsbildung, S. 18–21.
48 Zitiert nach Bollmeyer, »Volk«, S. 76.

sidenten« gestellt habe.[49] Dass das Parlament eine Volksvertretung sei, ging in der Nationalversammlung nur
den sozialdemokratischen Abgeordneten über die Lip-
pen.

Ähnlich entwickelte Max Weber in einer Artikelserie
über »Deutschlands künftige Staatsform« in der *Frankfurter Zeitung* im November 1918 eine Verfassungskon-
zeption, in der dem Bundesrat als Vertretung der Länder
ein vom Volk gewählter Reichspräsident gegenüberge-
stellt wurde, wohingegen dem Reichstag bloß nachgeord-
nete Aufgaben wie die Budgetkontrolle blieben. Für Weber war die Demokratie vor allem eine moderne Form der
Auslese der politischen Führungselite. Damit beschritt er,
wie Wolfgang Mommsen formulierte, »den Weg zur ple-
biszitären Führerdemokratie«.[50]

Auch Friedrich Meinecke hatte Ende Januar 1919 eine
»aufgeklärte und energische, auf Volkswillen beruhende
Vertrauensdiktatur« befürwortet, deren Führer durchaus
ein Sozialdemokrat sein könne. Nur »eine ganze einheitliche und starke Hand« werde imstande sein, »uns von
der Mitregierung der Arbeiter- und Soldatenräte, diesem
Mauerschwamm unseres öffentlichen Lebens«, zu befreien.[51] Meinecke unterstützte die Forderung nach einer
starken Stellung des Reichspräsidenten, der seiner Auffassung nach zugleich Reichskanzler sein sollte. In der Nationalversammlung unterstrich der Linksliberale Erich
Koch, »dass der Präsident vom gesamten Volk gewählt

---

49 Preuß, Verfassungswerk, S. 426, vgl. Gusy, Weimarer Reichsver-
     fassung.
50 Mommsen, Max Weber, S. 364.
51 Meinecke, Bemerkungen.

wird, damit er in ernster Stunde ein Gegengewicht gegen die Parlamentsroutine bildet«.[52]

Der plebiszitär gewählte Reichspräsident sollte die Verkörperung der Einheit des Volkes sein, wie es im Artikel 41 der Weimarer Verfassung hieß: »Der Reichspräsident wird vom ganzen deutschen Volke gewählt.« Selbstverständlich wurde der Reichspräsident im tatsächlichen Wahlvorgang nur von den wahlberechtigten deutschen Staatsbürgerinnen und -bürgern gewählt und nicht vom ganzen deutschen Volk. Aber das Pathos, das hier der ganzheitliche Volksbegriff aufruft, wurde mit voller Absicht bemüht, um den Gegensatz zur Wahl des Parlaments herauszustreichen. Während dort allein die gesellschaftlichen Sonderinteressen zur Wahl stünden, ginge es hier um die politisch einheitliche Willenserklärung des ganzen deutschen Volkes. Die *volonté générale,* der souveräne, einheitliche, unveräußerliche Wille des Volkes, war in die Verfassungsordnung der Weimarer Republik ebenso eingelassen wie – allerdings eben deutlich nachgeordnet – die *volonté particulière,* die Auseinandersetzung von Interessen und Kompromissbildung durch Mehrheitsentscheidung.

Inklusion

Die politische Polarisierung durch die Revolution, die offen ausgebrochenen Bürgerkriege im Januar und März 1919, die rechten, gewalttätigen Putschversuche mit dem Höhepunkt im März 1920, als nur der reichsweite Generalstreik die Putschisten zur Aufgabe zwang – all das waren sicher Gründe genug, nicht nur verfassungstheo-

---

52 Zitiert nach Bollmeyer, »Volk«, S. 75.

retisch, sondern auch im Sinne des Staatserhalts pragmatisch die Einheit und Gemeinschaft des Volkes zu beschwören. Die »Volksgemeinschaft« wurde, so Hans-Ulrich Thamer, zu der »beherrschenden politischen Deutungsformel«,[53] die von nahezu allen Parteien der Weimarer Republik propagiert wurde. Reichspräsident Friedrich Ebert appellierte gleich am ersten Amtstag an die Einigkeit der »Volksgenossen«. Bis zu seinem Tod 1925 erschien in seinen Reden immer wieder die »Volksgemeinschaft«, die nötig sei, um Einheit, Geschlossenheit und Selbstbehauptung zu gewähren.[54]

Zwar verschob sich die Diktion der Sozialdemokraten nach ihrer Wiedervereinigung mit der linkssozialistischen Unabhängigen Sozialdemokratischen Partei 1922 wieder nach links. Im Heidelberger Programm von 1925 tauchte der Begriff »Volksgemeinschaft« nicht mehr auf. Aber unter jungen Sozialdemokraten gab es nicht wenige, für die Sozialismus in erster Linie Gemeinschaft hieß. Gerade für diejenigen, die von der Jugendbewegung her zu den Sozialisten gestoßen waren, bedeutete Sozialismus vornehmlich Erlebnis, Erfahrung und Gefühl. Zu Ostern 1923 traf sich eine Gruppe von rund hundert Jungsozialisten, darunter die Hälfte aus den gerade von Frankreich besetzten rheinischen Gebieten, in Hofgeismar bei Kassel, um, wie es einer der Organisatoren formulierte, ein »neues positives Volksbewusstsein« zu gewinnen. Obwohl die Referate fern jedes aggressiven Nationalismus waren, war »Volksgemeinschaft« doch ein Schlüsselbegriff für die Gefühle, die die Teilnehmer umtrieben.

53 Thamer, Volksgemeinschaft, S. 367.
54 Ebert, Schriften, Bd. 2, S. 159.

Der theoretische Kopf des Hofgeismar-Kreises, der Staatsrechtler Hermann Heller, dessen demokratische Überzeugung unzweifelhaft war, versuchte als sozialdemokratische Antwort auf die nationalistische Herausforderung Sozialismus und Nation zu verbinden: »Sozialismus bedeutet keineswegs das Ende, sondern die Vollendung der nationalen Gemeinschaft, nicht die Vernichtung der nationalen Volksgemeinschaft durch die Klasse, sondern die Vernichtung der Klasse durch eine wahrhaft nationale Volksgemeinschaft.«[55] Zwar blieb der Hofgeismar-Kreis eine eher randständige Gruppe in der Sozialdemokratie, aber etliche seiner Protagonisten wie Theodor Haubach und Carlo Mierendorff, die später zum Widerstand gegen Hitler gehören sollten, blieben engagierte und einflussreiche Sozialdemokraten in der Massenorganisation Reichsbanner Schwarz-Rot-Gold, die zur Verteidigung der Republik gegründet worden war und in deren Alltagssprache die Volksgemeinschaft einen festen Platz einnahm. Ziel der Organisation sei, so hieß es in der *Illustrierten Reichsbannerzeitung* im Oktober 1925, »über alles Trennende der Klasse und parteipolitischen Weltanschauung hinweg ein eisernes Band deutscher Zusammengehörigkeit und Volksgemeinschaft zu schmieden«.[56]

Wolfgang Hardtwig macht zu Recht darauf aufmerksam, dass zu Beginn der Weimarer Republik vor allem Demokraten den Begriff »Volksgemeinschaft« in ihrer politischen Rhetorik verwandten. Nach der Erfahrung des verlorenen Weltkrieges, nach der politischen Gewalt

55 Heller, Sozialismus und Nation, S. 468.
56 Rohe, Reichsbanner, S. 187.

von Revolution und Konterrevolution und nach der empfundenen Demütigung durch die Rheinlandbesetzung sei die Forderung nach Einheit und Größe der Nation, nach Beendigung von Spaltung und Klassenkampf allzu verständlich gewesen.[57] Friedrich Meinecke charakterisierte den Kreis um Hans Delbrück, Ernst Troeltsch, der sich schon während des Krieges sammelte und wöchentlich zusammentraf: »Wir wurden Demokraten, weil wir uns klar machten, dass auf keinem anderen Wege die nationale Volksgemeinschaft und zugleich die lebensfähigen aristokratischen Werte unsere Geschichte würden erhalten bleiben können.«[58]

Insbesondere die Liberaldemokraten in der Deutschen Demokratischen Partei (DDP), die, unter anderen mit Hugo Preuß in ihren Reihen, als die Verfassungspartei par excellence galt, propagierten die Volksgemeinschaftsidee, um den Klassenkampfgedanken zu bekämpfen und die soziale Einheit der Nation herzustellen. Mit dem Slogan »Demokratie heißt Überwindung des Klassenkampfgedankens durch Volksgemeinschaft« zog die DDP 1924 in den Wahlkampf. 1928 hieß es im Wahlaufruf der Linksliberalen: »Grundidee unserer inneren Politik aber ist uns für alle Zeiten der Gedanke der Volksgemeinschaft, für den wir eintreten gegenüber den Parteien, die den Gegensatz zwischen ›national‹ und marxistisch, zwischen Stadt und Land, zwischen den Rassen, Konfessionen und Klassen verschärfen.« Ihre Differenz zu den rechten Propagandisten der Volksgemeinschaft bestand in der Stellung zur Verfassung. Für die Linksliberalen war

57 Hardtwig, Volksgemeinschaft, S. 252.
58 Meinecke, Einleitung, S. V.

die Volksgemeinschaft untrennbar mit der Demokratie verbunden. Die Weimarer Reichsverfassung, so der Gewerkschaftsfunktionär Gustav Schneider auf dem Parteitag 1924 in Weimar, bilde die Grundlage, »auf der allein echte Volksgemeinschaft möglich ist«.[59]

Die rechtsliberale Deutsche Volkspartei verstand sich hingegen von vornherein als bürgerliche Sammlung gegen »links«, als Verteidigerin europäischer Kultur gegen »asiatischen Bolschewismus«. Während der rechte Parteiflügel zum »scharfen Kampf gegen die marxistische Sozialdemokratie« aufrief, sollte die DVP nach der Vorstellung ihres Vorsitzenden Gustav Stresemann eine Mittelpartei sein, die »weder radikal nach rechts, noch radikal nach links sein will, sondern bewusst dem Ausgleich der Interessen zustrebt« und daher sowohl mit der Sozialdemokratie als auch mit den Deutschnationalen Regierungskoalitionen eingehen konnte. »Die Politik der Volksgemeinschaft ist kein Idol und keine Phrase«, so Gustav Stresemann in einer Rede 1923 vor Parteidelegierten. »Wer sie dafür hält, der gibt damit den Glauben an die deutsche Zukunft auf.«[60] Nach Stresemanns Tod im Oktober 1929 verabschiedete sich die DVP jedoch endgültig von dessen Politik der »Volksgemeinschaft«. Obwohl die Parteiführung nun mit der Formel einer »nationalen Volksgemeinschaft« dem rasanten Abstieg entgegenzusteuern suchte, verlor sie unaufhaltsam Mitglieder wie Wählerstimmen an die Parteien der Rechten.

Auch im Zentrum, der Partei des politischen Katholizismus, die sich anfangs mit dem Prinzip der Volkssou-

---

59 Zitate nach Wildt, Ungleichheit des Volkes, S. 29.
60 Zitiert nach ebenda, S. 30.

veränität schwertat, weil die katholische Staatsidee auf göttlicher Führung, nicht auf dem Willen des Volkes gründete, setzte sich der mächtige Begriff durch: »Die Zentrumspartei ist die christliche Volkspartei, die bewusst zur deutschen Volksgemeinschaft steht und fest entschlossen ist, die Grundsätze des Christentums in Staat und Gesellschaft, in Wirtschaft und Kultur zu verwirklichen.«[61] Den Kandidaten des Zentrums für die Reichspräsidentenwahl 1925, Wilhelm Marx, präsentierte die Partei als »Präsidenten der Volksgemeinschaft«. Das gilt auch für die Basis der Partei in der Region, wie Oded Heilbronner für Baden beobachtete, wo »Volksgemeinschaft« als zentraler Slogan die politische Propaganda des Zentrums durchzog.[62]

Gerade in Abwehr der Bedrohung der Republik durch die Nationalsozialisten versuchten die Demokraten, mit dem Begriff der Volksgemeinschaft die verfassungsloyalen Kräfte zu sammeln. Der sozialdemokratische *Vorwärts* kommentierte die Regierungserklärung des rechtskonservativen Reichskanzlers Franz von Papen im Juni 1932, der »Klassenkampferklärung von oben« müsse eine ebensolche »von unten« entgegengesetzt werden: »Der Kampf zwischen den Baronen und dem Volk muß ausgefochten werden! Erst wenn das hochmütige Herrentum endgültig besiegt ist, wird eine wirkliche Volksgemeinschaft möglich sein.«[63] Und Friedrich Meinecke selbst stellte noch im Februar 1933 in einem Artikel, der in mehreren Tageszeitungen erschien, die »Volksgemeinschaft«

61   Zitiert nach ebenda; vgl. Retterath, Volk, S. 31.
62   Heilbronner, Achillesferse, S. 45.
63   Zitiert nach Hardtwig, Volksgemeinschaft, S. 252f.

der »Volkszerreißung« durch die Nationalsozialisten gegenüber.[64]

Etliche Demokraten besaßen durchaus ein feines Gespür dafür, dass der Begriff der Volksgemeinschaft auch anders interpretiert und eingesetzt werden konnte. Kein Geringerer als der spätere Bundespräsident Theodor Heuss hielt auf dem Nürnberger Parteitag der Deutschen Demokratischen Partei Ende 1920 ein Grundsatzreferat zum Thema »Der demokratische Staat und die Volksgemeinschaft«, in dem er warnte: »Nun ist in unsere politische Diskussion hineingekommen ein Wort mit schönem Klang: ›Volksgemeinschaft‹. Es lebt in unserer politischen Aussprache und in dem Wort klingt mit das Wissen, dass der tiefe und furchtbare Zwang unserer Not uns innerlich zusammenbringen und zusammenhalten muss in der Wahrung unserer Werte und unserer Art, unabhängig von der politischen Einzelbetrachtung und Beurteilung. Aber wir sehen, wie dieses Wort ›Volksgemeinschaft‹, kaum dass es seinen Weg aufnahm, nun ein Instrument werden soll oder will, das man gegen die Demokratie ausspielt.«[65] Und nach dem Hitler-Ludendorff-Putsch in München im November 1923 rief der deutsch-jüdische Reichstagsabgeordnete Ludwig Haas auf dem DDP-Parteitag unter stürmischem Beifall, wie das Protokoll vermerkt, aus, man müsse »herauskommen aus der Bürgerkriegsgesinnung. Der liebt sein Vaterland nicht, der bereit ist, die Waffen zu tragen gegen eigene Volksgenossen nur deswegen, weil ihr Denken und ihre Anschauungen andere sind. Wenn das deutsche Volk über diese schwere

64 Meinecke, Von Schleicher zu Hitler, S. 482.
65 Zitiert nach Hardtwig, Volksgemeinschaft, S. 237.

Geschichtsperiode hinübergerettet werden soll, dann brauchen wir den Geist wahrer Volksgemeinschaft über alle Parteiunterschiede, über alle religiösen Gegensätze hinweg. Aber den Geist wahrer Volksgemeinschaft schaffen die Männer nicht, die – wie die Münchener – einen so engstirnigen Hass lehren – die wie Ludendorff zwei Drittel des deutschen Volkes vom deutschen Volk ausschließen.«[66]

Exklusion

Mit den »Münchenern«, die Ludwig Haas erwähnte, waren die Nationalsozialisten gemeint, die am 9. November 1923 einen Putschversuch unternommen hatten. Für sie besaß die Volksgemeinschaft eine deutlich andere Stoßrichtung. Der Begriff der »Volksgemeinschaft«, so Hans-Ulrich Thamer, hatte »zentrale Bedeutung in Hitlers Weltanschauung«.[67] Die NSDAP präsentierte sich als junge, klassenübergreifende Volkspartei, und Adolf Hitler vereinigte das Charisma eines »Führers« des gesamten Volkes auf sich, der sich entschlossen gab, die Wünsche nach Kontinuität und Veränderung, nach Einheit und Heil in einer künftigen Volksgemeinschaft zu erfüllen.

Im liberalen Südwesten Deutschlands zum Beispiel gelang es der NSDAP, die schal gewordene Vereinskultur vor Ort zu übernehmen, indem die Ortsgruppen auf der einen Seite sich in ihren Aktivitäten an den lokalen Vereinen orientierten und auf der anderen Seite deren Honoratiorengebundenheit aufbrachen und allen »Volks-

66 Zitiert nach ebenda, S. 245 f.; vgl. Steuwer, Volksgemeinschaft; Steber/Gotto, Visions of Community.
67 Thamer, Nation als Volksgemeinschaft, S. 122.

genossinnen und Volksgenossen«, ob Katholik oder Protestant, Bauer oder Handwerker, Kaufmann oder Arbeiter, Mann oder Frau, die Einladung zur Mitwirkung eröffneten. In anderen Regionen wie Niedersachsen konnte die NSDAP an die Politik der nationalistischen Vereine anknüpfen und vom Zerfall der bürgerlichen Parteien vor Ort profitieren, indem die Nationalsozialisten ausdrücklich jedwede Standesschranken von sich wiesen und ihre Organisationen als kleine Abbilder der Volksgemeinschaft priesen, denen jeder Mann und jede Frau, vorausgesetzt sie waren nicht jüdisch, ungeachtet ihres Vermögens, Berufes oder ihrer gesellschaftlichen Stellung beitreten könnten.

Bei aller Inklusionsrhetorik war bei den Nationalsozialisten die Volksgemeinschaft vor allem durch Grenzen, durch Exklusion bestimmt. Nicht so sehr die Frage, wer zur Volksgemeinschaft gehörte, beschäftigte die völkische Rechte als vielmehr, wer nicht zu ihr gehören durfte, eben jene bereits sprachlich ausgegrenzten »Gemeinschaftsfremden«, allen voran die Juden. Der Antisemitismus spielte dabei die entscheidende Rolle. Denn in der Konstruktion des Volkes als »natürliche Blutsgemeinschaft« war die rassistische, antisemitische Grenzlinie untrennbar eingelassen. Antisemitismus konstituierte die nationalsozialistische Volksgemeinschaft; er befeuerte auch deren Radikalität und Destruktionspotenzial. »Staatsbürger kann nur sein, wer Volksgenosse ist. Volksgenosse kann nur sein, wer deutschen Blutes ist, ohne Rücksichtnahme auf Konfession. Kein Jude kann daher Volksgenosse sein«, hieß es unmissverständlich im Parteiprogramm der NSDAP aus dem Jahre 1920. Der Antisemitismus bildete das zentrale Differenzkriterium zu jenen Volksgemeinschaftsvorstellungen, die im Gemeinschaftserleben des Krieges ihren Referenzpunkt sahen, denn der »August 1914« schloss ja ausdrücklich alle Deutsche ein, auch Juden und Sozialdemokraten, die sich von ihrem Patriotismus nicht zuletzt Anerkennung in der Mehrheitsgesellschaft erhofften.

Kein Geringerer als der Staatsrechtler Carl Schmitt, der »Kronjurist des Dritten Reiches« (Andreas Koenen), hat die Mehrdeutigkeiten des Volkes scharfsichtig erkannt und sie zugleich antirepräsentativ und antiliberal zu vereindeutigen versucht, indem er die Identität und Homogenität des politischen Volkes zur Voraussetzung jedweder demokratischen Verfassungsordnung erklärte. Schmitt begriff das souveräne Volk nicht mehr als Assoziation freier und gleicher Bürger, sondern verstand deren Gleichheit substanziell: »Jede wirkliche Demokratie beruht darauf, dass nicht nur Gleiches gleich, sondern, mit unvermeidlicher Konsequenz, das Nichtgleiche nicht gleich behandelt wird. Zur Demokratie gehört also notwendig erstens Homogenität und zweitens – nötigenfalls – die Ausscheidung oder Vernichtung des Heterogenen.«[68]

Diese »Substanz der Gleichheit« konnte Schmitt zufolge – Anfang der 1920er Jahre, als er den Aufsatz »Die geistesgeschichtliche Lage des heutigen Parlamentarismus« verfasst hat – in besonderen moralischen oder physischen Qualitäten, in religiösen Überzeugungen oder in der Zugehörigkeit zu einer bestimmten Nation bestehen, die, wie später Jürgen Habermas gegen Schmitt argumentierte, der staatlichen Organisation als gleich-

---

68 Schmitt, Lage, S. 13 f.

sam natürliches Substrat unterstellt wird.[69] Handelte es sich 1923 bei Schmitt bei den Auszuschließenden noch um »Barbaren, Unzivilisierte, Atheisten, Aristokraten oder Gegenrevolutionäre«, so ließ sich diese Liste später mühelos um »Juden«, »Fremdrassige« und »Gemeinschaftsfremde« erweitern. In Schmitts Schriften selbst verwandelte sich nach 1933 das »Gleichartige« in das »Artgleiche«.[70] Mit Schmitts Wendung konnte das Volk als Volksgemeinschaft souverän werden, das heißt den Anspruch auf Volksherrschaft erheben, ohne seinen partikularen, rassenbiologisch definierten Charakter zu verlieren.

Fünf Jahre später, in der 1928 erschienenen *Verfassungslehre*, stellte Carl Schmitt kühl fest, dass in der europäischen staatlichen Wirklichkeit nationale Homogenität nicht vorhanden sei. Zwar gebe es die Möglichkeit friedlicher Assimilation der Minderheiten, aber, so Schmitt wörtlich, eine andere Methode sei »schneller und gewaltsamer«, nämlich »Beseitigung des fremden Bestandteils durch Unterdrückung, Aussiedlung der heterogenen Bevölkerungsteile und ähnliche radikale Mittel«.[71] Die ethnisierte Definition des Volkes hatte die akademischen Schreibstuben der deutschen Staatsrechtler erreicht, die nun nicht mehr in den Kategorien von nationaler Gleichberechtigung oder territorialer Integrität dachten, sondern nach »ethnischen« Säuberungen, nach Segregation, Vertreibung und Vernichtung verlangten.

69 Habermas, Inklusion versus Unabhängigkeit, S. 117 f.
70 Niethammer, Kollektive Identität, S. 101 – 105.
71 Schmitt, Verfassungslehre, S. 232.

In seiner 1934 erschienenen Schrift *Über die drei Arten des rechtswissenschaftlichen Denkens* unterschied Schmitt den Normativismus als Gesetzes- und Regeldenken und Dezisionismus, also Recht von der Entscheidung des Richtenden her gedacht, von einem von ihm so bezeichneten konkreten Ordnungsdenken, dessen Rechtsvorstellung sich auf konkrete Gemeinschaften innerhalb des Volkes beziehe. »Für das konkrete Ordnungsdenken«, so Schmitt, »ist ›Ordnung‹ auch juristisch nicht in erster Linie Regel oder eine Summe von Regeln, sondern, umgekehrt, die Regel ist nur ein Bestandteil und ein Mittel der Ordnung.«[72]

Ernst Fraenkel, Jurist, Sozialdemokrat und Jude, der 1938 Deutschland verlassen musste und in den USA mit *The Dual State*, erschienen 1941, eine der wichtigsten zeitgenössischen Analysen des NS-Regimes verfasste, hat dieses Kernelement nationalsozialistischen Rechtsdenkens klar erkannt: »Der Vorstellung, dass die Gemeinschaft alleinige Quelle des Rechts sei, entspricht die Lehre, dass es außerhalb der Gemeinschaft kein Recht geben könne. [...] Wer außerhalb der Gemeinschaft steht, ist der wirkliche oder potentielle Feind. Innerhalb der Gemeinschaft gelten Friede, Ordnung und Recht. Außerhalb der Gemeinschaft gelten Macht, Kampf und Vernichtung.«[73] Soziale, kulturelle oder politische Gemeinschaften bilden sich stets in Abgrenzung zu anderen gesellschaftlichen Gruppen; was Schmitt als Denker nationalsozialistischen Rechts entwickelte, war die Absage an ein Grundprinzip bürgerlicher Gesellschaft: die Gleich-

---

72 Schmitt, Über die drei Arten, S. 13.
73 Fraenkel, Doppelstaat, S. 193.

heit vor dem Gesetz. Die Universalität des Rechts, das gleichermaßen für alle Bürgerinnen und Bürger einer Gesellschaft gilt. wurde aufgehoben, ja bewusst negiert, um eine rassistische Rechtshierarchie zu begründen. Nun entschied allein die Zugehörigkeit zur »Volksgemeinschaft«, ob man bestimmter Rechte teilhaftig wurde oder nicht.

»Das Idol dieses Zeitalters ist die Gemeinschaft«, konstatierte Helmut Plessner 1924. »Maßlose Erkaltung der menschlichen Beziehungen durch maschinelle, geschäftliche politische Abstraktionen bedingt maßlosen Gegenentwurf im Ideal einer glühenden, in allen ihren Trägern überquellenden Gemeinschaft.«[74] Seit dem 19. Jahrhundert bildete in Deutschland »Gemeinschaft« den Gegenbegriff zu »Gesellschaft« – als Ausdruck der Kritik an der rasanten Dynamisierung und Pluralisierung von Sozialverhältnissen im Zuge von Industrialisierung, Säkularisierung, Marktorientierung und politischem Liberalismus. »Die Sehnsucht nach Gemeinschaft entspringt immer der Reaktion gegen eine als schlecht empfundene Gegenwart. Somit ist die Wirklichkeit solcher Gemeinschaftsmodelle nicht in der Vergangenheit zu suchen, auf die sie sich in der Regel beziehen, sondern in der Gegenwart.«[75] Gemeinschaft wird stets im Horizont der modernen Gesellschaft eingeklagt und ist genuiner Teil des selbstvergewissernden Krisendiskurses der Moderne.

Niemand hat diesen Gegensatz prägnanter zu Papier gebracht als Ferdinand Tönnies, dessen 1887 erstmals erschienenes Buch *Gemeinschaft und Gesellschaft* den

---

74 Plessner, Grenzen der Gemeinschaft, S. 28.
75 Raulet, Modernität der »Gemeinschaft«, S. 73.

Nerv der Zeit traf und gesellschaftliche Diskussionen fortan bestimmte. Gemeinschaft gründet für Tönnies auf einer natürlichen Grundlage, das ist »der Zusammenhang des vegetativen Lebens durch die Geburt« (§ 1). Die Familie, die Beziehungen zwischen Mutter und Kind, der Ehegatten untereinander und der Geschwister bilden das ursprüngliche Band der Gemeinschaft. Zu dieser »Gemeinschaft des Blutes«, der Verwandtschaft, tritt die Nachbarschaft, die »Gemeinschaft des Ortes«, also des Hauses als gemeinsamer Haushalt, des Dorfes, auch der Stadt, und schließlich die »Gemeinschaft des Geistes«, die ihren Ausdruck in der Freundschaft findet (§ 6).[76]

Es ist eine paternalistische, agrarische Ordnung, die Tönnies schildert, in der der Vater Herrschaft, Autorität und Würde verkörpert. Die Arbeit ist geschlechtlich geteilt, bei der die Führung der Familie, insbesondere der Söhne, die Abwehr der Feinde und die Beschaffung von Nahrung dem Manne zufällt, während die Frau das innere Leben des Hauses besorgt und sich um die Töchter kümmert. Industrie und Fabriken tauchen in dieser vormodernen Ordnung ebenso wenig auf wie das Proletariat oder Kaufleute. Die Gesellschaft hingegen versteht Tönnies als künstliche – im Unterschied zur natürlichen Gemeinschaft – soziale Einheit, die auf dem Individuum und dem Tausch von Waren gründet: »Hier ist ein jeder für sich allein, und im Zustande der Spannung gegen alle übrigen.« In dieser »bürgerlichen Gesellschaft« oder »Tauschgesellschaft« wird jedermann zum Kaufmann, zum Warenhändler. »Gemeinschaft« ist unverkennbar eine vormoderne, agrarisch geprägte Ordnung, »Gesell-

76   Zitate nach Tönnies, Gemeinschaft und Gesellschaft.

schaft« die moderne, bürgerliche, arbeitsteilige und kapitalistische Welt. Was analytisch ausdrücklich durch das »und« im Titel des Buches nicht gegeneinander gesetzt werden soll – Tönnies selbst hob immer wieder hervor, dass Gemeinschaft auch innerhalb der Gesellschaft existiere und seiner Auffassung nach existieren solle; schließlich sei das gemeinschaftliche Grundelement, die Familie, nicht aus der Gesellschaft wegzudenken – und erhält durch die Historisierung eben doch eine geschichtliche Entwicklungsdynamik, die unverkennbar auch eine normativ-wertende Dimension besitzt.

Die erste Auflage des Buches 1887 blieb recht unbeachtet. Fünfundzwanzig Jahre blieb das Werk trotz der hohen Ambitionen, die Tönnies mit ihm verband, randständig, bis er sich 1912 entschloss, eine Neuauflage herauszugeben. Nun kam dem Buch der Zeitpunkt der Veröffentlichung zugute, denn die zivilisations- und modernitätskritischen Stimmen waren seit Ende des 19. Jahrhunderts vernehmlicher geworden. Nicht nur in Deutschland, sondern in allen europäischen Ländern veränderte die industriell-kapitalistische Wirtschaftsweise das soziale und kulturelle Gefüge. Eine neue soziale Schicht, die Arbeiterschaft, war entstanden und hatte die drängende Frage aufgeworfen, wie sie in die politischen und kulturellen Repräsentationen der Gesellschaft integriert werden sollte. Die Vertreter eines autoritären, strikt hierarchisch gegliederten Staates sahen sich zunehmend politischen wie sozialen Partizipationsforderungen gegenüber. Familien- und Geschlechterbeziehungen veränderten sich durch Industriearbeit, Liberalismus, Landflucht, Bevölkerungszunahme und Urbanisierung. Die Städte wuchsen immens, und neue urbane Räume entwickelten sich, die sich hinsichtlich der großstädtischen Kultur, des Konsums, der medialen Erfahrungen, Dynamik und individuellen Lebensmöglichkeiten fundamental von dörflicher Gemeinschaft und agrarisch geprägtem Alltag unterschieden. Lebensläufe waren aus ihrer traditionellen Sicherheit herausgerissen und der Freiheit des Marktes unterworfen. Individuelle Selbstentfaltung prägte die Erfahrungen der Moderne ebenso wie Ängste, Unsicherheit und Nervosität. In diese Zeit passte nun Tönnies' Lob der »natürlichen Gemeinschaft« und Kritik an der »kalten Gesellschaft« ungemein.

1920 erschien bereits die dritte Auflage von Tönnies' Buch; 1922 eine vierte und fünfte. Im Begriff der Gemeinschaft bündelten sich Hoffnungen auf die Überwindung von Entfremdung, sowohl in revolutionärer wie restaurativer Hinsicht. Diese Ambivalenz, sowohl wiederherzustellen, was als verloren gilt, wie auch in der Zukunft herbeizuführen, was als soziale Ordnung erstrebenswert sei, ist dem Begriff der Gemeinschaft von Anfang an inhärent. Deshalb würde man auch die »Volksgemeinschaft« missverstehen, wenn man sie als Beschreibung einer tatsächlich existierenden gesellschaftlichen Realität nehmen würde. Nicht in der Feststellung eines sozialen Ist-Zustandes, sondern vielmehr in der Verheißung, in der Mobilisierung lag die politische Kraft der Rede von der Volksgemeinschaft.

Klarsichtig wies Plessner darauf hin, dass Gemeinschaft im Heroischen eine Verbindung von Herrenmoral und Gemeinschaftsmoral herstelle. »Echtes Herrentum schafft Gemeinschaft, gedeiht nur in ihr, denn echte Gemeinschaft braucht den Herrn und Meister, ohne den sie zerfallen müsste. Wo immer das Leben sich gemeinschaftlich gestaltet, in der Familie, im hauswirtschaftlichen Verband von Herrschaft und Gesinde, dem Gutshof patriarchalischen Stils, oder im Bund, der unter geistiger Idee steht, in der religiösen Gemeinde, bringt es ein emotional getragenes Führertum hervor.«[77] Keineswegs leugnete Plessner die Bedeutung von Gemeinschaft innerhalb der Gesellschaft. Er kritisierte vielmehr »Gemeinschaft« als gemeinsamen politischen Nenner sowohl der völkisch-faschistischen Rechten wie der kommunistischen Linken und setzte davon die Notwendigkeit einer bürgerlich-liberalen Kultur ab, die Gesellschaft nicht bloß als ökonomisches Verhältnis, sondern als soziale Ordnung erst möglich mache. »Das Credo von Plessners Einspruch gegen die Gemeinschaft lautet, wie auch immer um die sozioökonomische Seite des Problems verkürzt«, so Axel Honneth, »Freisetzung von individuellen Differenzen, nicht identitäre Herstellung eines einheitlichen Volkswillens, und die Interaktionsformen, an die er sich dementsprechend hält, sind die der repräsentativen Öffentlichkeit des Adels, nicht die einer dem Kollektiv verschworenen Masse.«[78]

»Gemeinschaft« war nicht allein in Deutschland ein mächtiges soziales Versprechen; überall in Europa wurde mit der Kritik am Liberalismus, an der Kälte der kapitalistischen Ordnung, der Zerstörung solidarischer Sozialbeziehungen die Verheißung, Gesellschaft als Gemeinschaft zu organisieren, attraktiv. Prominentestes Beispiel ist Schweden, wo es der Sozialdemokratie gelang, mit dem Begriff des »Volksheims« *(folkhemmet)* den politischen

77 Plessner, Grenzen der Gemeinschaft, S. 43.
78 Honneth, Plessner und Schmitt, S. 24.

Diskurs zu prägen und über etliche Jahrzehnte hinweg die schwedische Politik hegemonial zu bestimmen. »Das gute Heim«, so umriss 1928 der künftige sozialdemokratische Ministerpräsident Per Albin Hansson das sozialegalitäre Konzept des Volksheims, »kennt keine Privilegien oder Zurückgesetzte, keine Hätschel- und keine Stiefkinder. Dort sieht keiner auf den Anderen herab, dort versucht sich keiner auf Kosten der Anderen einen Vorteil zu verschaffen, der Starke drückt den Schwachen nicht nieder und plündert ihn aus. Im guten Heim herrscht Gleichheit, Vorsorge, Zusammenarbeit, Hilfsbereitschaft. Angewandt auf das große Volks- und Bürgerheim würde dies das Niederbrechen aller sozialen und ökonomischen Schranken bedeuten, die die Bürger jetzt in Privilegierte und Zurückgesetzte, in Herrschende und Abhängige, in Reiche und Arme, Begüterte und Verarmte, Plünderer und Ausgeplünderte teilen.«[79] Das schwedische »Volksheim« trug eindeutig paternalistische Züge, blieb jedoch ausdrücklich mit Demokratie verbunden. Die rechtsextremen Parteien in Schweden marginalisierten sich selbst mit ihren Attacken auf das angeblich jüdisch-demokratische »Volksheim« und versuchten vergeblich, mit dem alternativen Begriff »Volksgemeinschaft« politisches Terrain zu gewinnen.

Auch in Schweden wurden umfangreiche sozialregulierende Programme zur »Optimierung des Volkskörpers« auf den Weg gebracht, die durchaus auch gewalttätige Züge trugen, indem zum Beispiel »Asoziale« oder »Geistesschwache« zur Sterilisation gezwungen werden

79 Zitiert nach Lehnert, Geschichte und Theorie des Gemeinschaftsdenkens, S. 13.

sollten. Aber nicht Ausschluss und Vernichtung waren die Mittel, Gemeinschaft herzustellen, sondern die autoritär-fürsorgende Politik des Staates, die Schweden zu erziehen, sich selbst zu konditionieren. Schweden, hält Thomas Etzemüller in kritischer Distanz zu Zygmunt Bauman fest, war »keine totalitäre, sondern eine radikal normalisierende Gesellschaft im Sinne Michel Foucaults, die primär auf Inklusion in die Gemeinschaft setzte«.[80]

Die Unterschiede zur nationalsozialistischen Volksgemeinschaft sind evident. Der Nationalsozialismus wollte keine moderne, leistungs- und aufstiegsorientierte Individualgesellschaft freier Bürger schaffen, sondern eine rassistisch formierte Volksgemeinschaft, die Elitebildung und Vorwärtskommen nicht nur von Leistung, sondern ebenso von biologistischen Kriterien abhängig machte. Insbesondere die Ermordung von Behinderten und Kranken, die von den Nationalsozialisten als »erbbiologisch minderwertig« definiert wurden, zeigt, wie unangemessen und fehlleitend die Gleichsetzung des NS-Regimes mit dem modernen Sozialstaat ist. »Volksgenossen« waren keine Bürger mit verbrieften Freiheitsrechten, es ging nicht um Gleichheit von Individuen. Vielmehr bildete das Volk, und zwar im organisch-biologistischen Sinn als »Volkskörper«, das Zentrum der Volksgemeinschaft. »Du bist nichts, dein Volk ist alles« lautete der Kernsatz des Regimes. Nicht egalitärer Stillstand, sondern rassistische Mobilisierung kennzeichnete die Volksgemeinschaft, nicht nationaler Sozialismus als vielmehr Leistungssteigerung zugunsten der Entwicklung des deutschen »Volkskörpers«.

80   Etzemüller, Suchbewegungen, S. 168.

»Die nationalsozialistische Volksgemeinschaftsideologie hatte zwei Stoßrichtungen«, so Detlev Peukert, »nach ›innen‹ wollte sie die in unterschiedliche Traditionen, Schichten und Sozialmilieus zerklüftete Gesellschaft künstlich zu einer opferbereiten Leistungsgemeinschaft formieren; nach ›außen‹ wollte sie alle jene diskriminieren und letztlich ›ausmerzen‹, die aus realen oder eingebildeten Gründen in der Volksgemeinschaft keinen Platz finden durften: die ›Fremdvölkischen‹, die ›unverbesserlichen‹ politischen Gegner, die ›Asozialen‹, die Juden.«[81]

Was die nationalsozialistische Vergemeinschaftung von solchen normalen Gruppenbildungen unterschied, war die Gewalttätigkeit der Ausgrenzung und die Irreversibilität der Zugehörigkeitskriterien. In Luhmanns Modell der alltäglichen Inklusion und Exklusion in modernen Gesellschaften ist der Ausschluss aus einer Gruppe stets verbunden mit dem Einschluss in eine andere. Niemand »fällt« ganz aus der Gesellschaft, sondern ist stets irgendwo und vielfältig zugehörig, und sei es allein als Staatsbürgerin oder Staatsbürger und Rechtssubjekt.[82]

Für die Juden galt dies nicht. In der rassistischen Definition von Nicht-Zugehörigkeit sollten Juden vollständig aus allen sozialen, politischen, kulturellen, rechtlichen Zusammenhängen der deutschen Gesellschaft herausgedrängt werden, die Volksgemeinschaft als nationalsozialistische Gesellschaftsordnung ohne Juden hergestellt werden. Für sie gab es keine Möglichkeit der Konversion, wie noch im christlichen Antijudaismus, oder den Weg zur Assimilation, wie im bürgerlich-kulturellen Anti-

---

81 Peukert, Volksgenossen und Gemeinschaftsfremde, S. 247.
82 Luhmann, Inklusion und Exklusion.

semitismus, um zwar nicht als religiös und kulturell freie, selbstbestimmte Menschen, aber doch wenigstens leben zu können. Im Nationalsozialismus war die Grenzziehung undurchlässig. Dass sie gegenüber dem nationalsozialistischen Verfolgungswillen keine Wahlmöglichkeit, keine Chance einer existenzrettenden Reaktion besaßen, war für deutsche Juden, die sich als deutsche Staatsbürger und Mitglieder der bürgerlichen Gesellschaft verstanden, lange Zeit gänzlich unbegreiflich. Insofern fassten viele von ihnen erst spät, etliche zu spät, den Entschluss, das Land zu verlassen.

Die Exklusion der deutschen Juden aus der Volksgemeinschaft – der mit zahllosen staatlichen Maßnahmen verordnete Ausschluss ebenso wie die alltägliche Ausgrenzung – zog nicht bloß eine antisemitische Grenze. Sie beließ auch den nichtjüdischen Teil nicht unangetastet. Die alltägliche Exklusionspraxis veränderte ebenfalls die nichtjüdische Gesellschaft selbst. In der politischen Praxis vor Ort hieß das zuerst, soziale Distanz herzustellen, jedwede Solidarität und Mitleid mit den Verfolgten zu stigmatisieren, um die jüdischen Nachbarn zu isolieren und für rechtlos, ja vogelfrei, zu erklären. Die mehr oder weniger unverborgene Komplizenschaft vor Ort, die die geltende Rechtsordnung für Juden in der Praxis außer Kraft setzte, ihnen den Schutz verweigerte und sie der Gewalt preisgab, war zur Herstellung der »Volksgemeinschaft« ebenso notwendig wie die Erlasse, Gesetze und Maßnahmen von oben.

Teilhabe

Doch bot die Volksgemeinschaft durchaus Chancen für individuelles Fortkommen. Entgegen der Vorstellung, sozialistische Egalität sei das Kennzeichen der Volksgemeinschaft gewesen, war die nationalsozialistische Volksgemeinschaft, deren propagandistisches Bild die Überwindung aller Klassenschranken und völkische Einheit in den Mittelpunkt stellte, von neuen Ungleichheiten strukturiert. »Das Paradox der gesellschaftlichen Entwicklung im Nationalsozialismus«, so der Historiker Habbo Knoch, »war gerade ein radikalisierter, von den zivilisatorischen Werten befreiter, zweckhafter Individualismus, verbunden mit der Freisetzung einer opportunistischen Verdrängungs- und Leistungsideologie.«[83]

Der 1933 vollzogene Bruch mit der rechtsstaatlichen Verfasstheit der deutschen Republik bot zahlreichen Eliten den Ermöglichungsraum, den sie immer gefordert hatten. Kriminalpolizisten glaubten, endlich nicht mehr eingeschränkt durch Recht und Gesetz eine Gesellschaft ohne Verbrecher erreichen zu können, und übernahmen bereitwillig kriminalbiologische Prämissen, mit denen rassistisch definierte gesellschaftliche Gruppen als »Asoziale« in Konzentrationslagern interniert und ausgemerzt wurden. Beamte der Wohlfahrtsbehörden teilten ihre Klientel nicht mehr nach Bedürftigkeit, sondern nach Arbeitsfähigkeit ein, ganz nach dem Motto, dass, wer nicht arbeiten könne, auch nicht zu essen brauche. Und auch hier bestimmten rassistische Kriterien bald die Selektion der volksgemeinschaftlich »Nützlichen« von den »Gemeinschaftsfremden«. Steuerbeamte besaßen mit dem

83 Knoch, Zerstörung, S. 31.

Steueränderungsgesetz von 1934, das im Paragrafen 1 die Anwendung der Steuerbestimmungen von der Übereinstimmung mit der nationalsozialistischen Weltanschauung abhängig machte, alle Freiheit, statt Gleichheit aller Bürgerinnen und Bürger vor dem Gesetz nun gerade die Ungleichheit, sprich besondere steuerliche Belastung, insbesondere von Juden, selbstständig durchzusetzen.

Ärzte glaubten, den deutschen »Volkskörper« heilen zu müssen, und erhielten mit dem »Gesetz zur Verhinderung erbkranken Nachwuchses« vom Juli 1933, das erstmals in Deutschland die Zwangssterilisation gegen den Willen der Patienten erlaubte, die Gelegenheit dazu. Allein in den ersten drei Jahren verhandelten die neu gebildeten »Erbgesundheitsgerichte«, denen neben einem Richter zwei Ärzte angehörten, annähernd 224 000 Fälle und erkannten in 199 000 Fällen, d. h. in 90 Prozent, auf Sterilisation. Wie viele Hebammen, Ärzte, Anstaltsdirektoren waren dann später ab 1939 in der sogenannten »T4-Aktion« bereit, die Daten ihrer Patienten, die ihnen zur Heilung anvertraut waren, an eine Briefkastenfirma in Berlin zu übermitteln – offenbar ohne jede Sorge, was mit diesen Menschen geschah, nachdem sie dann mit den berüchtigten grauen Bussen abgeholt wurden? Wie viele Ärzte waren willens, als »Gutachter« ihr »+«- oder »–«-Zeichen auf eine Krankenakte zu schreiben und damit Todesurteile zu fällen – selbstherrlich, eigenmächtig, mitunter mehrere Dutzend an einem Tag?

Volksgemeinschaft war keine formierte, homogene Masse von Abhängigen und Gläubigen (oder gar Verführten), die blind die Befehle von oben befolgten und in der Uniformität herrschte. In einer akteurszentrierten, praxeologischen Perspektive wird Volksgemeinschaft nicht

als Ganzheit vorausgesetzt, vielmehr werden die Prakti-
ken ihrer Herstellung, die Prozesse der Vergemeinschaftung wie eben auch der Vergesellschaftung untersucht.
Im Mittelpunkt einer solchen Analyse, so lässt sich mit
Alf Lüdtke argumentieren, stehen die »Formen, in denen
Menschen sich ›ihre‹ Welt ›angeeignet‹ – und dabei stets
auch verändert haben«. Diese Welt und damit die Bedingungen sind gegeben und zugleich produziert, erweisen
sich daher als ebenso vieldeutig wie vielschichtig, für individuelle wie gemeinschaftliche Handlungsoptionen zugleich offen. »Individuen und Gruppen formen das Profil
ihrer Wahrnehmungs- und Handlungsweisen nicht jen-
seits, sondern in und durch gesellschaftliche Beziehungen.«[84] Menschen folgen nicht bloß den Codes und Repräsentationen von Bedeutungen und der Wirklichkeit,
die sie vorfinden, sondern sie nutzen Bilder, Worte, Prak-
tiken, um sich zu orientieren; sie variieren sie, reiben sich
an der Sprödigkeit der Dinge und verändern sie damit
ebenso wie die sozialen Verhältnisse. In dieser analyti-
schen Perspektive bildet Volksgemeinschaft keine fest ge-
fügte soziale Formation, sondern ist vielmehr als soziale
Praxis zu begreifen.

Anscheinend Abhängige werden nach diesem Verständnis zu Akteuren, die zugleich Subjekte wie Objekte
sind, die Erfahrungen der Ohnmacht, des Ausgeliefert-
seins an Obrigkeiten, Gewalthaber und ökonomische
Zwänge machen, gleichzeitig jedoch diese Erfahrungen in
jeweils spezifischen, unterschiedlichen oder sogar wider-
sprüchlichen Aneignungsweisen modifizieren, ja sie in wi-
dersetzliche Praxis münden lassen können. Ebenso kön-

---

84 Lüdtke, Alltagsgeschichte, S. 12f.

nen aber auch die Erfahrungen von Lust, Partizipation und Wohlstand durchaus mit Repression, Ausbeutung und Herrschaft verbunden sein. Angehörigen der deutschen »Volksgemeinschaft« war es möglich, sich im Zweiten Weltkrieg Zwangsarbeiterinnen und Zwangsarbeiter aus den besetzten Gebieten als Hof- oder Fabriksklaven zu halten und das Gefühl von Macht und Überlegenheit zu erfahren. Zugleich blieben sie damit Teil des nationalsozialistischen Terrorsystems, dem sie bei einem Mangel an Konformität selbst zum Opfer fallen konnten. Es ist diese Gleichzeitigkeit von Hinnehmen und Sich-Distanzieren, auf die Alf Lüdtke immer wieder hingewiesen hat.

In einer herkömmlichen Interpretation schildert Richard Evans das Netz von Parteifunktionären im Deutschen Reich. Bis in die kleinsten Einheiten des Alltagslebens und der täglichen Betriebsarbeit hinein habe der Terrorapparat des NS-Regimes gereicht. 200 000 Politische Leiter der NSDAP, rund zwei Millionen Blockwarte hätten die Gesellschaft ebenso wie Funktionäre der Deutschen Arbeitsfront, Vorarbeiter und Obleute die Betriebe überwacht. Eben diese immense Zahl an Funktionsträgern, Zuarbeitern und Helfern des Regimes ließe sich unter einer anderen Perspektive auch als hoher Grad der Teilhabe begreifen. Neben den 5,3 Millionen Mitgliedern, die die NSDAP Ende 1939 zählte, waren 22 Millionen in der Deutschen Arbeitsfront, 14 Millionen in der Nationalsozialistischen Volkswohlfahrt, annähernd 9 Millionen Jugendliche in der Hitler-Jugend und dem Bund Deutscher Mädchen, 1,4 Millionen Frauen in der Nationalsozialistischen Frauenschaft organisiert.[85]

85   Evans, Das Dritte Reich, Band 2, S. 134 f.

Armin Nolzen schätzt, dass zu Kriegsbeginn etwa zwei Drittel der deutschen Bevölkerung einer nationalsozialistischen Gliederung oder einer der von der NSDAP gelenkten Organisationen angehört haben. Neunzig Prozent der Funktionäre arbeiteten ehrenamtlich.[86] Diese immense Zahl von Unterstützern bloß als Teil eines staatlichen Terrornetzwerks zur Unterdrückung der Gesellschaft zu deuten, fällt schwer. Plausibler erscheint, diese Vielzahl von Posten, Positionen und Pfründen als Teilhabe an der Macht zu verstehen, als Partizipation am Regime, das sich in der Aufrechterhaltung der politischen Ordnung eben auf die Hilfe und Teilnahme so vieler stützen kann. Wie viele »Volksgenossinnen« und »Volksgenossen« glaubten, Verantwortung für das »Volk« zu übernehmen und durch ihre individuelle Leistung zum »großen Ganzen« beizutragen? Wie viele der Funktionäre konnten sich als kleine »Führer«, als Teilhaber der Macht begreifen, ohne deren individuellen, »selbstlosen« Einsatz die »Volksgemeinschaft« nie gelingen könne?

Krieg

Ob im Krieg die Volksgemeinschaft als »Schicksalsgemeinschaft« erstarkte oder buchstäblich unter den alliierten Bombenschlägen auseinanderbrach, ist in der Forschung umstritten. Doch zu Beginn des Krieges erreichte die Verbundenheit großer Teile der deutschen Bevölkerung insbesondere mit Hitler zweifellos einen Höhepunkt. Erschütterung und Erleichterung meldeten die staatlichen und SD-Lageberichte als Reaktion der Bevölkerung auf das Bombenattentat von Georg Elser im

---

86 Nolzen, Inklusion, S. 60–77.

Münchner Bürgerbräukeller am 9. November 1939, dem Hitler nur durch Zufall entging. Der SD behauptete gar, dass das Attentat »im deutschen Volk das Gefühl der Zusammengehörigkeit stark gefestigt« habe.[87] Mancherorts fanden sogar Dankgottesdienste statt. Auch Pius XII., der vormalige Nuntius des Vatikans in Deutschland, gratulierte Hitler zu seiner Rettung, und in den katholischen Bistumszeitungen war zu lesen, dass sich die katholischen Christen mit dem ganzen deutschen Volk einig seien, Gott möge »Führer und Volk« schützen.

Dass sich das Schreckensszenario der Westfront des Ersten Weltkrieges nicht mehr wiederholte, sondern die deutschen Armeen, nachdem sie Polen erobert hatten, nun auch den »Erzfeind« Frankreich innerhalb kürzester Zeit besiegten, löste im Reich ungeheure Erleichterung und Jubel aus. Anlässlich des Falls von Paris im Juni 1940 wurden überall die Fahnen gehisst und die Glocken geläutet. »Begeisterung, Bewunderung, Ehrfurcht, Stolz, Wetteifer in Leistung und Hingabe, Siegesgewissheit und Friedenshoffnung« – so überschwänglich schilderte der Regierungspräsident von Schwaben die Stimmung in der Bevölkerung. »Es ist heute so«, sekundierte der Regierungspräsident von Ober- und Mittelfranken, »dass auch solche Volksgenossen, die nach 1933 dem Führer zunächst noch ablehnend oder abwartend gegenüberstanden, jetzt vorbehaltlos und mit Begeisterung hinter ihm stehen.«[88]

Aber die Kehrseite des Triumphs war nicht zu verbergen. 11 000 deutsche Soldaten waren im Krieg gegen Polen gefallen, 30 000 verwundet worden; der Westfeldzug hatte

87 Zitiert nach Kershaw, Hitler-Mythos, S. 180.
88 Zitate nach Steinert, Hitlers Krieg, S. 136.

43 000 deutschen Soldaten das Leben gekostet, 150 000 waren verwundet worden, über 26 000 galten als vermisst. Und Deutschland wurde nun selbst Ziel britischer Luftangriffe. Hatte der SD im Mai noch gemeldet, dass die Bombenangriffe »keine ernsthafte Beunruhigung unter der Bevölkerung« hervorgerufen hätten, klangen die Meldungen im Juni bereits besorgter. In den Nächten zum 18. und 19. Juni hätten die bislang folgenschwersten Angriffe auf fast alle Gegenden Westdeutschlands mit zahlreichen Toten und Verwundeten stattgefunden. Hier sei die Bevölkerung heftig aufgebracht gewesen über eine zu frühzeitige Entwarnung. »Im allgemeinen tröstet man sich mit der Erwartung, dass es nun bald ein Ende mit diesen Angriffen haben werde.«[89]

Im Gegenteil, die Bombenangriffe verstärkten sich. Ende Mai 1942 zerstörten über tausend britische Bomber Köln. Nahezu 500 Menschen wurden getötet, über 5 000 verletzt, weit über 40 000 Menschen wurden obdachlos. Große Teile des alten Köln mit seinen historischen Bauten waren verwüstet. Ein gutes Jahr später kamen bei einem Bombenangriff auf Hamburg, bezeichnenderweise »Unternehmen Gomorrha« genannt, mehr als 35 000 Menschen ums Leben. Die NS-Gauleiter verlangten ab 1940 nachdrücklich die Deportation der deutschen Juden, um deren Wohnungen mit Volksgenossinnen und Volksgenossen zu besetzen.

Schon nach den ersten Deportationen im Herbst 1941 hatte zum Beispiel die Kölner Kommunalverwaltung Möbel, Hausrat und Kleidung der jüdischen Opfer be-

---

89 Meldungen aus dem Reich, Bd. 4, S. 1128 (14. 5. 1940), S. 1276 (20. 6. 1940).

schlagnahmt und in den Messehallen eingelagert. Nach dem »1000-Bomber-Angriff« griffen die Behörden nicht nur auf diese Bestände zurück, sondern zusätzlich wurde geraubtes jüdisches Eigentum aus Antwerpen von deportierten belgischen und niederländischen Juden nach Köln geschafft und in öffentlichen, oft täglichen Versteigerungen den Volksgenossen für wenig Geld angeboten. Die Volksgemeinschaft wurde im Krieg zur Opfer- und Raubgemeinschaft.

Zweifellos hat die Kapitulation der 6. Armee in Stalingrad im Januar 1943 endgültig offenbar werden lassen, dass der Krieg nicht mehr zu gewinnen war. Von nun an ging es nicht mehr dem Sieg als vielmehr dem Ende entgegen. Es war kennzeichnend, dass von Hitler nach der Niederlage kein einziges öffentliches Wort zu hören war, Göring sich durch eine fade Durchhaltrede öffentlich eher blamierte und Goebbels alle seine Künste aufbringen musste, um mit jener Rede im Berliner Sportpalast am 18. Februar noch einmal die Emotionen im Land aufzuputschen, die aber, wie die SD-Berichte meldeten, rasch wieder verglühten. Der Höhepunkt der Loyalität war erreicht, die Niederlage vor Stalingrad, vor allem aber die Bombardierungen der Städte hatten die Verwundbarkeit des NS-Regimes gezeigt, dessen Nimbus des ewigen Erfolgs zerbrach.

Millionen von Zwangsarbeiterinnen und Zwangsarbeitern aus den besetzten Gebieten wurden nach Deutschland gelockt, verschleppt, deportiert, um den immensen Arbeitskräftebedarf zu befriedigen, der durch die ständige Rekrutierung junger Männer zur Wehrmacht entstanden war. Kaum ein Betrieb in Deutschland, in dem nicht ausländische Menschen arbeiten mussten;

kaum ein Ort, an dem nicht fremde Sprache zu hören waren. Die nationalsozialistische Vision der ethnisch homogenen Volksgemeinschaft zerstob im Krieg.

Dennoch blieb die Volksgemeinschaft als »handlungs- und deutungsleitender Referenzrahmen« (Sven Keller) auch in der letzten Kriegsphase erhalten. Jetzt sollte umso mehr die deutsche Bevölkerung für einen »Volkskrieg« mobilisiert werden. Und je stärker sich die Kohärenz des Reiches vor den heranrückenden Fronten im Osten wie im Westen auflöste, desto heftiger und gewalttätiger gingen NSDAP, SS, aber auch die Wehrmacht gegen Abweichler, Deserteure, »Kapitulanten« als »Volksverräter« vor. HJ-Banden jagten entflohene KZ-Häftlinge und töteten sie sogar an Ort und Stelle, wenn sie ihrer habhaft werden konnten. Häftlinge, die auf Todesmärschen durch Deutschland getrieben wurden, waren Opfer brutaler Gewalt vonseiten der Bevölkerung und lokaler Behörden wie NSDAP-Dienststellen. Mobile Standgerichte richteten angebliche Defätisten hin, selbst wenn die alliierten Truppen nur noch wenige Kilometer entfernt waren. Der Terror gegen die »versagenden Elemente der Volksgemeinschaft« sollte Zeichen für Ordnung und Stabilität im tatsächlichen Zusammenbruch sein und jedweden Zweifel und Unsicherheit buchstäblich auslöschen.

Nachkrieg

Am Ende des NS-Regimes war von der Volksgemeinschaft eine Trümmergesellschaft übrig geblieben. Über 5 Millionen deutsche Soldaten waren getötet worden, der Luftkrieg hatte in Deutschland etwa 570 000 Todesopfer gefordert, rund 14 Millionen Deutsche flüchteten aus den ehemaligen deutschen Ostgebieten oder wurden von dort vertrieben. Insgesamt hatte der Zweite Weltkrieg etwa 55 Millionen Menschen das Leben gekostet, die meisten von ihnen Zivilisten. Annähernd 6 Millionen Juden waren ermordet worden, ebenso waren Hunderttausende von Roma und Sinti, behinderten und kranken Menschen der rassistischen Politik des NS-Regimes zum Opfer gefallen.

Sehr rasch jedoch verstand sich die deutsche Gesellschaft erneut als Opfergemeinschaft, nun in doppelter Hinsicht, wie es der Sozialdemokrat Paul Löbe, der am 7. September 1949 die erste Bundestagssitzung feierlich eröffnete, in seiner Rede formulierte: »Wir bestreiten auch keinen Augenblick das Riesenmaß an Schuld, das ein verbrecherisches System auf die Schultern unseres Volkes geladen hat. Aber die Kritiker draußen wollen doch eines nicht übersehen: das deutsche Volk litt unter zwiefacher Geißelung. Es stöhnte unter den Fußtritten der eigenen Tyrannen und unter den Kriegs- und Vergeltungsmaßnahmen, welche die fremden Mächte zur Überwindung der Naziherrschaft ausgeführt haben.«[90]

Diejenigen, die vor der nationalsozialistischen Verfolgung emigriert waren, erfuhren nach ihrer Rückkehr von den Dagebliebenen Ablehnung und Ausgrenzung, während diejenigen, die in den alliierten Prozessen als Kriegsverbrecher verurteilt worden waren, sich der Solidarität etlicher Politiker, Kirchenführer und Publizisten sicher sein konnten, die ihre rasche Freilassung forderten. Hinsichtlich solcher Debatten um Geschichtspolitik in der frühen Bundesrepublik, so der Historiker Norbert Frei,

90 Zitiert nach Thießen, Schöne Zeiten?, S. 167.

»erfuhr die nationalsozialistische Volksgemeinschaft ihre sekundäre Bestätigung«.[91]

Doch war die gefühlte Volksgemeinschaft der 1950er Jahre nicht einfach die Verlängerung der nationalsozialistischen vor 1945. Sie war nun nicht mehr charakterisiert durch gewalttätige rassistische Exklusion, und auch Hitler war nicht mehr ihre Verkörperung. Das bundesdeutsche Leitbild der Nachkriegszeit, so Malte Thießen, entsprach zwar häufig dem Leitbild der Volksgemeinschaft, aber eben einer »Volksgemeinschaft ohne Führer«.[92] In Hamburg rühmte Bundestagspräsident Hermann Ehlers (CDU) 1952 den Widerstandswillen der Volksgemeinschaft im Krieg: »Wir haben in jenen Jahren erlebt, wie Menschen aus allen deutschen Landschaften sich zusammenfanden, um diese Stadt und ihre Menschen vor den Luftangriffen der Gegner zu schützen«, und sein Nachredner, der hamburgische Senator Adolph Schönfelder (SPD), schloss sich an: »Mit allen, die guten Willens sind, wollen wir eine Volksgemeinschaft gestalten«, eine »demokratische«, wie Schönfelder gleich hinzusetzte.[93] Im gemeinsamen Wiederaufbau, in der kollektiven Anstrengung, im Blick weg von der Vergangenheit, sondern vielmehr auf die Zukunft geriet die Volksgemeinschaft zur »Erfolgsgemeinschaft« (Malte Thießen).

Noch Jahrzehnte später bildete die Volksgemeinschaft, nun als Chiffre für das Zusammenstehen und Helfen in der Not, in vielen Interviews mit Zeitzeugen den positiven Referenzpunkt der NS-Zeit als Kontrastfolie zu

---

91 Frei, Vergangenheitspolitik, S. 304.
92 Thießen, Schöne Zeiten?, S. 170.
93 Zitiert nach ebenda, S. 173.

einer Gegenwart, in der der Egoismus, materielle Gier und soziale Kälte dominieren. Es verwundert daher kaum, dass die Volksgemeinschaft eben dann wieder ins politische Vokabular zurückgekehrt, wenn sowohl entfremdende Globalisierung, Vereinzelung, Verlust an Heimat und Solidarität kritisiert als auch Kriterien von Zugehörigkeit und Exklusion erneut politisch debattiert und ausgehandelt werden.

III Das Volk der AfD

»Ein Gespenst geht um in der westlichen Welt – das Gespenst des ›Populismus‹«, schrieb Helmut Dubiel bereits 1986.[94] Populismus ist – entgegen den mitunter aufgeregten Kommentaren nach der Wahl von Donald Trump zum US-Präsidenten – kein neues Phänomen. Eine langjährige Beobachterin, die Soziologin Karin Priester, machte vor etlichen Jahren darauf aufmerksam, dass sich bereits in den 1890er Jahren in den USA agrarpopulistische Bewegungen mit einer Populist Party an der Spitze bildeten, die sich aus kleinen und mittleren Farmern zusammensetzten, die gegen die urbane, korrupte, oft auch als »jüdisch« charakterisierte Elite der Ostküste, gegen Freihandel und Finanzkapital polemisierten. Schon damals wurden Forderungen nach mehr direkter Demokratie laut.[95]

Auch während des New Deal in den 1930er Jahren klangen populistische Sätze selbst bei Präsident Roosevelt an, wenn er beispielsweise versprach, Politik gegen das große Geld zugunsten des *forgotten man* zu machen. Thomas E. Watson, der sich vom linken Populisten zum rassistischen Verteidiger der weißen Mittelschicht entwickelte, der Gouverneur von Louisiana Huey P. Long, der 1935 einem Attentat zum Opfer fiel, oder der Politiker George C. Wallace, der sich als Vertreter der deklassierten weißen Unterschichten inszenierte und eine zynische,

---

94 Dubiel, Gespenst des Populismus, S. 33.
95 Priester, Populismus, S. 78–88; dies., Rechter und linker Populismus.

medienorientierte, skrupellose Politik der Wut betrieb, sind veritable Beispiele für die lange Geschichte des Populismus.[96]

Populismus in Europa

Während sich in Lateinamerika auch ein linker Populismus entwickelte, historisch nach der Weltwirtschaftskrise exemplarisch von Perón in Argentinien, Vargas in Brasilien und zeitgenössisch von Hugo Chávez in Venezuela verkörpert, formierten sich in Europa eher rechtspopulistische Parteien und Bewegungen. So entstand in Frankreich in den 1950er Jahren um Pierre Poujade eine gegen den Pariser Zentralismus gerichtete Bewegung, die gegen die Entkolonisierung Algeriens und den angeblichen Untergang des Mittelstandes kämpfte, die *braves gens* gegen die Berufspolitiker ausspielte und bei den Parlamentswahlen 1956 auf Anhieb 2,5 Millionen Stimmen und 52 Abgeordnete gewinnen konnte. In Poujades Polemik gegen Aasgeier, Blutsauger, Vaterlandsverräter, Großkapital und Geldherrschaft zeigte sich unverhohlen ein virulenter Antisemitismus.

Die Lega Nord in Italien, die 1989 gegründet und lange Zeit von Umberto Bossi geführt wurde, profitierte von dem Zusammenbruch des Parteiensystems Anfang der 1990er Jahre, als sich sowohl die herrschende Democrazia Cristiana als auch die sozialistische PSI unter Bettino Craxi als Folge zahlreicher Korruptionsskandale auflösten, und gerierte sich als klientelistische, explizit anti-etatistische Partei Norditaliens gegen den angeblich ökonomisch unfähigen Süden. Zusammen mit Silvio Berlusconis

96 Priester, Populismus, S. 101–122.

Forza Italia und der von den italienischen Faschisten abgespaltenen Alleanza Nazionale bildeten sie die Machtbasis für Berlusconi, der selbst Züge eines populistischen Politikers trug. Auf dem Höhepunkt des Erfolgs der Lega Nord formulierte Umberto Bossi 1993 die Grundsatzziele der Bewegung – ein exemplarisches populistisches Pamphlet: erstens eine Revolution der institutionellen Struktur, für Föderalismus und gegen Zentralismus sowie Souveränität des Volkes statt Souveränität des Staates; zweitens eine ökonomische Revolution, in der die kleinen und mittleren Betriebe in den Regionen gegen die Konzerne gestärkt werden sollten; drittens eine Revolution der Regierung, in der die bisherige politische Klasse durch neue Politiker aus dem Volk ersetzt werden sollten; viertens eine soziale Revolution der kleinen Produzenten gegen Klientelwirtschaft und Wohlfahrtsbürokratie; und schließlich fünftens eine kulturelle Revolution gegen den zentralistischen Mythos einer homogenen Kultur.

Der Kampf gegen den modernen Wohlfahrtsstaat stand auch im Mittelpunkt der Politik des Niederländers und Medienvirtuosen Pim Fortuyn, promovierter Soziologe, der einige Jahre an der Universität Rotterdam lehrte, bevor er sich entschloss, in die Politik zu gehen, um gegen Multikulturalismus, den Islam und Political Correctness zu kämpfen. In seinem 1992 erschienenen Buch *An das Volk der Niederlande* schrieb er: »Wenn ich an einen neuen Faschismus denke, dann denke ich nicht so sehr an Le Pen, Schönhuber, den Vlaams Blok [...]. Nein, wenn ich an einen neuen Faschismus denke, dann denke ich an die fleißigen, arbeitsamen Technokraten [...], die unsere Müllsäcke öffnen, um festzustellen, ob wir Anweisungen übertreten, die über die Möglichkeiten philosophieren, die die Informatik bietet, um das Verhalten von Bürgern zu kontrollieren.«[97] Standen bei Pim Fortuyn, der 2002 von einem militanten Umweltschützer ermordet wurde, noch der einzelne Bürger und seine Freiheit – aus seiner Homosexualität machte Fortuyn keinen Hehl – im Mittelpunkt, der sich gegen den wohlfahrtsstaatlichen Leviathan zur Wehr setzt, so rückt bei seinem politischen Nachfolger Geert Wilders, Vorsitzender der Partij voor de Vrijheid, der mehrmals wegen Volksverhetzung in den Niederlanden verurteilt wurde, wieder das Volk in den Vordergrund. Wilders verglich den Koran mit Hitlers *Mein Kampf* und fordert ein Verbot des Buches ebenso wie das Verbot des Baus weiterer Moscheen im Land.

In Frankreich führte Marine Le Pen den rechtsextremen *Front National* erfolgreich in eine rechtspopulistische Richtung, ohne die alten Positionen aufzugeben. Trotz aller gemäßigten Rhetorik während des Präsidentschaftswahlkampfes im Frühjahr 2017, mit der konservative Wähler eingefangen werden sollten, gehören Fremden- und Islamfeindlichkeit, Abkehr von Europa und Homophobie nach wie vor zu den politischen Kernthemen des FN. Der Wahlspruch des FN: *Les Français d'abord* (»Franzosen zuerst«) zielt wie Donald Trumps »America First« auf Identität und Ausgrenzung. Zwar verlor Marine Le Pen, die sich selbst als »Präsidentin des Volkes« bezeichnete, gegen Emmanuel Macron, aber sie gewann im entscheidenden zweiten Wahlgang ein Drittel der Wählerstimmen für sich, die bislang höchste Zustimmung für den FN auf nationaler Ebene.

97 Zitiert nach ebenda, S. 184.

In Dänemark wurde die Dänische Fortschrittspartei 1973 mit steuerkritischen Parolen auf Anhieb zweitstärkste Kraft im Parlament und wandelte sich rasch in eine ausländer- und islamfeindliche Partei. Ihre Nachfolgerin, die Dänische Volkspartei, konnte 2015 sogar 21 Prozent der Stimmen gewinnen und setzt seither verschärfte Regelungen für die Einwanderung nach Dänemark durch. Die norwegische Freiheitspartei, deren zeitweiliges Mitglied der Massenmörder Anders Breivik war, gehört seit 2013 der Regierung an. In Schweden hat sich mit den Schwedendemokraten eine rechtspopulistische Partei etabliert, und in Finnland wurden Die Finnen 2015 mit 15 Prozent der Stimmen drittstärkste Partei.

In Österreich wuchs die Freiheitliche Partei Österreichs unter Jörg Haider, der Ministerpräsident in Kärnten war und 2008 bei einem Autounfall starb, zu einer bestimmenden Kraft heran, die mit dem Slogan »Österreich zuerst« gegen Globalisierung, Einwanderung und »Islamisierung« eintritt. Bei den Wahlen zum nationalen Parlament 1999 errang sie 27 Prozent, trat in die Regierung ein, verlor wegen der Beteiligung an der Sparpolitik viele Stimmen. Trotz der Spaltung 2005 erstarkte die FPÖ unter der Führung von Heinz-Christian Strache erneut. Auch wenn der Kandidat für das Bundespräsidentenamt Norbert Hofer in der Stichwahl gegen Alexander Van der Bellen am 4. Dezember 2016 unterlag, so haben doch über 46 Prozent der österreichischen Wählerinnen und Wähler für den FPÖ-Kandidaten gestimmt.

Auch in Deutschland ist der Populismus nicht erst mit der AfD entstanden. In den 1990er Jahren bildete sich der dezidiert europakritische Bund freier Bürger, gegründet vom ehemaligen bayrischen FDP-Landesvorsitzenden

Manfred Brunner, der wiederum enge Kontakte mit Jörg Haider pflegte. In Hamburg erzielte die Partei Rechtsstaatliche Offensive des Amtsrichters Ronald Schill, der sich vor allem mit dem Thema Innere Sicherheit profilierte, bei den Bürgerschaftswahlen am 23. September 2001, unmittelbar nach den Terroranschlägen auf das World Trade Center in New York, auf Anhieb nahezu 20 Prozent der Stimmen und wurde unter CDU-Bürgermeister Ole von Beust Regierungspartei. Schon 1993 hatte in Hamburg die sogenannte STATT Partei den Einzug ins Parlament geschafft. 2005 konstituierte sich in Köln die Bürgerbewegung Pro Deutschland, deren Sprecherin, die ehemalige CDU-Politikerin Gigi Romeiser, anlässlich der Debatte um die antisemitischen Äußerungen des damaligen CDU-, heute AfD-Politikers Martin Hohmann im Oktober 2003 an den damaligen Vorsitzenden des Zentralrats der Juden, Paul Spiegel, schrieb: »Das gemeine Volk weiß noch zwischen Wahrheit und Unwahrheit zu unterscheiden, es hat gemeinhin noch ein unverfälschtes Urteilsvermögen (vox populi, vox Dei) und deshalb lässt es sich – im Gegensatz zu unseren rückgratlosen Politikern – auch nicht unter die Knute der in Deutschland hinlänglich bekannten Meinungsmacher zwingen. Das Volk beteiligt sich auch nicht an der in Deutschland immer häufiger praktizierten Menschenhatz bis hin zur psychischen und physischen Vernichtung, wenn unliebsame Wahrheiten vertuscht werden sollen.«[98] Nicht zuletzt zeigte der Erfolg von Thilo Sarrazins Buch *Deutschland schafft sich ab* 2010, welch großen Nachhall rechtspopulistische Vorstellungen in der deutschen Bevölkerung finden.

98   Zitiert nach Priester, Rechter und linker Populismus, S. 41.

Das missachtete Volk

Die 2013 gegründete Alternative für Deutschland (AfD) fand also durchaus einen vorbereiteten Boden vor, auf dem sie mit ihrer Politik aufbauen konnte. Konsequent und geschickt hat sie von vornherein »das Volk« in ihre politische Propaganda integriert. Konsequent, weil eine europakritische Haltung, mit der die AfD ihren Anfang genommen hat, zu einer Betonung nationaler Souveränität führt, die es ebenso wiederzugewinnen gelte wie das »Selbstbestimmungsrecht der Völker« gegenüber einer übermächtig zentralisierten EU-Bürokratie. Geschickt, weil im Gebrauch des Begriffs Volk eben nicht nur die Staatsbürgerinnen und Staatsbürger der jeweiligen Nationalstaaten gemeint sind, sondern eine Grenze der Zugehörigkeit gezogen wird, die sich auf Abstammung und Kultur gründet.

Im Grundsatzprogramm der AfD, das sie auf dem Bundesparteitag 2016 beschlossen hat, heißt es gleich zu Beginn unter der Überschrift »Demokratie und Grundwerte«: »Spätestens mit den Verträgen von Schengen (1985), Maastricht (1992) und Lissabon (2007) hat sich die unantastbare Volkssouveränität als Fundament unseres Staates als Fiktion herausgestellt. Heimlicher Souverän ist eine kleine, machtvolle politische Führungsgruppe innerhalb der Parteien. Sie hat die Fehlentwicklungen der letzten Jahrzehnte zu verantworten. Es hat sich eine politische Klasse von Berufspolitikern herausgebildet, deren vordringliches Interesse ihrer Macht, ihrem Status und ihrem materiellen Wohlergehen gilt.«[99]

99 Grundsatzprogramm AfD 2016, S. 8 (URL: https://www.alternative fuer.de/wp-content/uploads/sites/7/2016/05/2016–06–27_afd-grund satzprogramm_web-version.pdf, 6. 6. 2017); nahezu gleichlautend im

Diese Kritik an einer abgehobenen Politikerkaste, die keine Verbindung mehr mit dem »Volk« habe, dem sie doch gegenüber verantwortlich sei und für dessen Gemeinwohl sie sorgen soll, ist ein gemeinsames Merkmal aller populistischen Parteien, wie der Populismusforscher Cas Mudde in einer allgemein akzeptierten Definition der Minimalkriterien festgehalten hat: Populistische Parteien zeichneten sich aus durch »eine Ideologie, die davon ausgeht, dass die Gesellschaft in zwei homogene, antagonistische Gruppen getrennt ist, das ›reine Volk‹ und die ›korrupte Elite‹, und die geltend macht, dass Politik ein Ausdruck der *volonté générale* oder des allgemeinen Volkswillens sein soll«.[100] Signifikant formulierte Timo Soini, Vorsitzender der Partei Die Finnen und seit 2015 finnischer Außenminister: »Gelehrte Theoretiker, arrogante Bürokraten, kaltherzige Technokraten, verständnislose Zentralisierer, Anbeter des großen Geldes und aalglatte Avantgarde-Denker trauen dem Volk nicht. Sie missachten die Ansichten des Volkes, weil sie glauben, das Volk sei dumm und abgestumpft und die Weisheit liegt bei Experten und einer vom Alltagsleben abgeschotteten Elite.«[101]

»Das Volk muss wieder zum Souverän werden«, fordert die AfD in ihrem Wahlprogramm für die Bundes-

AfD-Programm zur Bundestagswahl 2017, S. 8, https://www.afd.de/wp-content/uploads/sites/111/2017/06/2017-06-01_AfD-Bundestagswahlprogramm_Onlinefassung.pdf [6. 6. 2017].

100 Mudde, The Populist Zeitgeist, S. 543, erneut in: Mudde/Kaltwasser, Populism, S. 8 (Deutsche Übersetzung in: Priester, Wesensmerkmale, S. 4).

101 Zitiert nach Priester, »Populismus«, Wesensmerkmale des Populismus, S. 4.

tagswahl 2017.[102] Europas politische Eliten hätten mit dem Vertrag von Maastricht und Lissabon den Versuch unternommen, einen europäischen Staat zu errichten, der, wie die ablehnenden Referenden in Frankreich und den Niederlanden 2005 bewiesen hätten, gegen den offenkundigen Mehrheitswillen der Völker in der Europäischen Union durchgesetzt werden soll. »Die Vision eines europäischen Großstaates läuft zwangsläufig darauf hinaus, dass die EU-Einzelstaaten, mit den sie tragenden Völkern, ihre nationale Souveränität verlieren.«[103]

Ein »Europa der Vaterländer« hat schon der französische Präsident Charles de Gaulle in den 1960er Jahren gefordert, ohne dass er, mit autokratisch-präsidialer Macht ausgestattet, deswegen als besonderer Förderer der Demokratie hervorgetreten wäre. Was die rechtspopulistischen Parteien von den Konservativen vergangener Zeiten in ihrer Kritik an supranationalen Strukturen unterscheidet, ist, dass sie heute das Prinzip der Volkssouveränität, das jeder demokratischen Verfassung zugrunde liegt, in den Vordergrund stellen. Die Lösung gegen das »Machtkartell« in Brüssel lautet: »Nur das Staatsvolk der Bundesrepublik Deutschland kann diesen illegitimen Zustand beenden«[104] – wobei, wie weiter unten näher ausgeführt wird, sich hinter dem hier verfassungskonformen Begriff des Staatsvolkes ganz andere Vorstellungen von Zugehörigkeit und Nicht-Zugehörigkeit zum deutschen Volk verbergen.

Was im Kampf gegen die europäische Einigung für gut befunden wird, gilt für die AfD gleichermaßen für

102 AfD-Programm zur Bundestagswahl 2017, S. 8.
103 Grundsatzprogramm AfD 2016, S. 17.
104 Ebenda, S. 8.

die politische Verfassungsordnung der Bundesrepublik selbst. »Wir wollen dem Volk das Recht geben, über vom Parlament beschlossene Gesetze abzustimmen. Dieses Recht würde in kürzester Zeit präventiv mäßigend auf das Parlament wirken und die Flut der oftmals unsinnigen Gesetzesvorlagen nachhaltig eindämmen. [...] Ohne Zustimmung des Volkes darf das Grundgesetz nicht geändert und kein bedeutsamer völkerrechtlicher Vertrag geschlossen werden. Das Volk muss das Recht haben, auch initiativ über Änderungen der Verfassung selbst zu beschließen.«[105]

Kritik der Repräsentativität

Hier treten die alten Ressentiments gegen die Repräsentativverfassung, die sich schon in der Debatte um die Verfassung der Weimarer Republik gezeigt haben, wieder zutage. Das Volk, das ja in freien, allgemeinen, gleichen und geheimen Wahlen seine Vertreter in das Parlament entsendet, soll, so die AfD, über bereits beschlossene Gesetze der parlamentarischen Volksvertretung erneut abstimmen können, also eine nachträgliche Korrekturmöglichkeit bekommen, was die Rolle des Parlaments als zentrales Repräsentativorgan der Demokratie stark relativiert. Und indem die AfD formuliert, dass dieses Recht »mäßigend« auf das Parlament einwirken würde, um die »Flut der oftmals unsinnigen Gesetzesvorlagen nachhaltig einzudämmen«, lässt erkennen, wie stark sie in der Tradition der Parlamentsverachtung steht.

Folgerichtig geraten auch die Parteien – ganz allgemein und unabhängig von ihrer jeweiligen politischen

---

105 Ebenda, S. 9; ebenso AfD-Programm zur Bundestagswahl 2017, S. 8.

Position – in die Kritik der AfD: »Die Allmacht der Parteien und deren Ausbeutung des Staates gefährden unsere Demokratie. Diese Allmacht ist Ursache der verbreiteten Politikverdrossenheit und nicht zuletzt auch Wurzel der gesellschaftsschädigenden Politischen Korrektheit und des Meinungsdiktats in allen öffentlichen Diskursen. Nur direkt-demokratische Entscheidungen des Volkes können Parteien wieder in das demokratische System integrieren. Die Abgeordneten unserer Parlamente haben ihre Funktion als Mandatare der Bürger verloren. Ihre Loyalität gilt zuerst der politischen Partei, der sie angehören.«[106]

Diese Kritik an der Repräsentativverfassung findet sich auch bei der Linken. Denn in marxistischer Perspektive vermag das Parlament nicht die tatsächliche soziale Spaltung der Klassengesellschaft zu repräsentieren. Statt das Volk zu vertreten, vermittle das Parlament daher nur die reale Klassengesellschaft. Die Ablehnung des Parlamentarismus seitens der KPD in der Weimarer Republik ist bekannt. Aber auch nach 1945 war die Kritik am Repräsentationsprinzip in der Linken virulent. Johannes Agnoli, einer der wichtigsten Theoretiker der Außerparlamentarischen Opposition (APO) in der Bundesrepublik in den 1960er Jahren und von 1972 bis 1991 Professor für Politische Wissenschaften am Otto-Suhr-Institut der Freien Universität Berlin, formulierte in seiner einflussreichen, 1967 erschienenen Schrift *Die Transformation der Demokratie:* »Das Repräsentationsprinzip – der Kern des Parlamentarismus – wurde als Verfassungsnorm erdacht,

---

106 Grundsatzprogramm AfD 2016, S. 11; ebenso AfD-Programm zur Bundestagswahl 2017, S. 9.

gewollt und verwirklicht mit einer genauen repressiven Aufgabe, die schon von Anfang an einen Befriedungscharakter trug. Es galt, friedlich aber wirksam die Mehrheit der Bevölkerung von den Machtzentren des Staates fernzuhalten.« Das Volk habe in dieser Konstellation keine Möglichkeit politischer Partizipation. Im Gegenteil, »dem demos gegenüber ist das Parlament ein Transmissionsriemen der Entscheidung politischer Oligarchien«. Daher könne der Weg auch nicht in einer Veränderung oder Verbesserung des Repräsentativsystems bestehen, da jede Parlamentsreform nicht dazu diene, »die Möglichkeit der Beteiligung der Massen an der Herrschaft auszuweiten, sondern dazu, sie leichter einzudämmen«. Die Antwort könne nur »das organisierte Nein« sein, das die »Fesseln staatsbürgerlich-parlamentarischer Gleichschaltung« sprenge.[107]

Aber auch vonseiten der AfD sind die Bezüge auf die »68er« stärker, als es die demonstrative Abwehr eines »links-rot-grün verseuchten 68er-Deutschlands«, wie Parteisprecher Jörg Meuthen formulierte, nahelegen würde. Der AfD und der neuen Rechten insgesamt gelinge es, so der junge Historiker David Bebnowski, linke Entwürfe für die eigenen Zwecke umzuwerten. Das theoretische Konzept kultureller Hegemonie, das der italienische Kommunist Antonio Gramsci in den 1920er Jahren entwickelte, sei vom neurechten Denker Alain Benoist und anderen übernommen worden.[108] Der gemeinsame Bezugspunkt findet sich in Carl Schmitt, der in der neuen Rechten ebenso rezipiert wird wie seinerzeit von Johan-

107 Agnoli, Transformation, S. 25, 68 f., 74.
108 Bebnowski, Fundamentalopposition.

nes Agnoli. Schmitts 1923 erschienene Schrift »Die geistesgeschichtliche Lage des heutigen Parlamentarismus« ist zweifellos eine der ätzendsten Kritiken des Repräsentativsystems. »Beruht etwa das englische Weltreich auf dem allgemeinen und gleichen Wahlrecht aller seiner Bewohner?«, fragte Schmitt mit beißendem Spott. »Auf diesem Fundament könnte es keine Woche bestehen; die Farbigen würden mit ungeheurer Mehrheit die Weißen überstimmen.« Der Gedanke, dass jeder Mensch politisch gleichberechtigt sei, sei ein liberaler, kein demokratischer Gedanke. »Das allgemeine und gleiche Wahl- und Stimmrecht ist vernünftigerweise nur die Folge der substantiellen Gleichheit innerhalb des Kreises der Gleichen und geht nicht weiter als diese Gleichheit.« Im Bereich des Politischen stünden sich Menschen daher »nicht abstrakt als Menschen, sondern als politisch interessierte und politisch determinierte Menschen gegenüber, als Staatsbürger, Regierende und Regierte, politische Verbündete oder Gegner«. »Die volonté générale, wie Rousseau sie konstruiert, ist in Wahrheit Homogenität. Das ist wirklich konsequente Demokratie. Nach dem Contrat social beruht also der Staat, trotz des Titels und trotz der einleitenden Vertragstheorie, nicht auf Kontrakt, sondern wesentlich auf Homogenität. Aus ihr ergibt sich die demokratische Identität von Regierenden und Regierten.«[109]

Mit Schmitts Begriffen Homogenität und Identität ist der theoretische Grund geschaffen, auf den sich populistische Parteien berufen können, wenn sie sich anti-liberal und anti-plural positionieren und zugleich von sich selbst

---

109 Schmitt, Lage, S. 15–17, 20; zur Rolle Schmitts in der Neuen Rechten vgl. Weiß, Revolte, S. 128–131.

behaupten, demokratisch zu sein. Mit dem Satz »Wir sind das Volk« meinen AfD und andere populistische Parteien, so hat es Jan-Werner Müller, der in Princeton Politische Theorie und Ideengeschichte lehrt, formuliert: »Wir – und nur wir – repräsentieren das Volk.«[110]

Zur Verblüffung mancher linken Kritiker kann die AfD so mehr direkte Demokratie fordern. Das deutsche Volk, so heißt es im Grundsatzprogramm von 2016, sei ebenso mündig wie das der Schweizer, »um ohne Einschränkung über jegliche Themen direkt abzustimmen«. Die AfD setze sich daher dafür ein, Volksentscheide nach Schweizer Vorbild auch in Deutschland einzuführen, mehr noch: die Einführung von Volksentscheiden sei für die AfD »nicht verhandelbarer Inhalt jeglicher Koalitionsvereinbarungen«.[111] Dieser starke Bezug auf das Volk und auf direkte Demokratie gelingt der AfD nur, weil sie ein spezifisches Volksverständnis besitzt, nämlich ein homogenes Volk will. Das heißt, in den Worten Carl Schmitts, die »wirkliche Demokratie« beruhe darauf, dass »nicht nur Gleiches gleich, sondern, mit unvermeidlicher Konsequenz, das Nichtgleiche nicht gleich behandelt wird [...], daß sie das Fremde und Ungleiche, die Homogenität Bedrohende zu beseitigen oder fernzuhalten weiß«.[112]

Ethnische Homogenität

Tatsächlich steht hinter der AfD-Definition des Volkes ein ethnisch wie kulturell homogenes Volk, das mit deutlichen Grenzen Zugehörigkeit und Nicht-Zugehörigkeit

110 Müller, Populismus, S. 19.
111 Grundsatzprogramm AfD 2016, S. 9.
112 Schmitt, Lage, S. 14.

bestimmt. Die Schreckensszenarien, die die AfD angesichts der Zuwanderung entwirft, zeichnen das Bild einer bedrohten Volksgemeinschaft: »Eine Völkerwanderung historischen Ausmaßes fordert Europa heraus. Im Hinblick auf Bevölkerungsexplosion, kriegerische und religiöse Konflikte und Klimaextreme in vielen Ländern, insbesondere des afrikanischen Kontinents und des Nahen und Mittleren Ostens, stehen wir erst am Anfang weltweiter, bislang unvorstellbarer Wanderungsbewegungen in Richtung der wohlhabenden, europäischen Staaten.«[113] Das Ziel der AfD sei demgegenüber die »Selbsterhaltung, nicht Selbstzerstörung unseres Staates und Volkes«, was auch die unverhohlene Ablehnung des Rechts auf Asyl bedeutet: »Individuelle Schutz- und Asylgarantien wurden 1949 für verfolgte Einzelpersonen geschaffen. Sie versprechen unter den heutigen Bedingungen der massenhaften, globalisierten Wanderungsbewegungen Unmögliches. Sie können nicht aufrecht erhalten bleiben.«[114] Wie sehr solche monströsen Überzeichnungen, die jenen gleichen, die seinerzeit vom »asiatischen Bolschewismus« entworfen wurden, der gleichfalls die abendländische, europäische Kultur angeblich zu zerstören drohte, mittlerweile auch die CDU erreicht haben, zeigt jener, später auf Druck der Öffentlichkeit gelöschte, Tweet der CDU-Bundestagsabgeordneten Bettina Kudla aus Leipzig vom 24. September 2016: »Die #Umvolkung #Deutschlands hat längst begonnen. Handlungsbedarf besteht!« Die Bösartigkeit solcher Äußerungen, nicht die Menschenhändler, die Flüchtende mit seeuntauglichen Booten aufs Meer hi-

113 Grundsatzprogramm AfD 2016, S. 59.
114 AfD-Programm zur Bundestagswahl 2017, S. 28.

nausjagen, für den Tod von Tausenden im Mittelmeer verantwortlich zu machen, sondern einen »irregeleiteten Humanitarismus«, verdient noch einmal besonders hervorgehoben zu werden.

Für all diejenigen, denen die Flucht nach Deutschland gelungen ist, und generell für alle Migranten stellt die AfD folgende Kriterien für die Eingliederung in die deutsche Gesellschaft auf: »Gelingende Integration fordert von Einwanderern jeden Alters nach einer angemessenen Zeit die Beherrschung der deutschen Sprache in Wort und Schrift, die Achtung und gelebte Bejahung unserer Rechts- und Gesellschaftsordnung sowie den Verdienst des eigenen Lebensunterhalts. Assimilation als weitestgehende Form der Integration ist zwar anzustreben, aber nicht erzwingbar.« Der Erhalt der deutschen Staatsbürgerschaft sei, so die AfD, »der Abschluss einer erfolgreichen Integration, nicht aber deren Ausgangspunkt«. Für die AfD – und das ist der entscheidende Gedanke – ist »die deutsche Staatsangehörigkeit untrennbar mit unserer Kultur und Sprache verbunden«.[115] Mark Jongen, stellvertretender Sprecher der AfD Baden-Württemberg, Mitglied der Bundesprogrammkommission und Philosophiedozent an der Hochschule für Gestaltung in Karlsruhe, sagte in einem Interview mit der *Zeit* dazu: »Die Identität des Volkes ist eine Mischung aus Herkunft, aus Kultur und aus rechtlichen Rahmenbedingungen. Der Pass alleine macht noch keinen Deutschen. Als AfD sind wir deshalb dafür, das sogenannte Abstammungsprinzip im Staatsbürgerrecht, das ja bis vor Kurzem noch gegolten hat, wieder einzufüh-

115 Grundsatzprogramm AfD, S. 63–65.

ren.«[116] Genau diese Forderung ist nun Teil des AfD-Programms für die Bundestagswahl 2017.

Wer heute in New York den Stadtteil Chinatown besucht, wird etliche Menschen treffen, die auf eine in Englisch gestellte Frage bedauernd mit dem Kopf schütteln, weil sie nur Chinesisch sprechen. In den Einwandervierteln in Chicago, San Francisco oder New Orleans lebten und leben ethnisch definierte, kulturell voneinander abgegrenzte Gemeinschaften nebeneinander, oft gegeneinander, ohne dass damit ihre amerikanische Staatsbürgerschaft infrage gestellt worden ist. Das entscheidende Kriterium für die Zugehörigkeit zu den Vereinigten Staaten von Amerika – ebenso wie in Kanada, Australien und anderen Einwanderungsländern – war und ist die bekundete Loyalität zur Verfassung und Rechtsordnung. Nicht mehr, aber auch nicht weniger!

Daraus ergeben sich Freiheitsrechte auf der einen sowie Toleranzgebote und Verpflichtungen zur Selbstbeschränkung auf der anderen Seite, um die Freiheitsrechte anderer nicht zu beeinträchtigen. Die »amerikanische Leitkultur« ist eine politische, keine englische, spanische, italienische oder afroamerikanische. Sie leitet sich aus einer Ordnungsvorstellung ab, die dem Einzelnen Freiheit und Sicherheit gewährleisten soll und nicht vorschreiben will, welche Lieder er singt oder Bücher er liest. Gerade deshalb bedeutet die Wahl des Populisten Donald Trump eine tiefe politische Zäsur, weil das Amerika, das er verkörpert, ein ethnisiertes Land der weißen Amerikaner ist.

116 »Man macht sich zum Knecht«, Interview mit Mark Jongen, *Die ZEIT*, 9. 6. 2016, http://www.zeit.de/2016/23/marc-jongen-afd-karlsruhe-philosophie-asylpolitik [10. 1. 2017].

Wie soll die »gelebte Bejahung unserer Rechts- und Gesellschaftsordnung«, die die AfD fordert, aussehen? Was heißt »deutsche Leitkultur«, und wer soll sie definieren? Soll es ein Bundesamt für deutsche Kultur geben, das in langen Listen Musik, Kleidung, Essen, Getränke, Möbel, Literatur etc. als deutsch bzw. undeutsch klassifiziert? Bundesinnenminister Thomas de Maizière hat in seinen Punkten zur »deutschen Leitkultur« Ende April 2017 deutlich formuliert: »Wir sind nicht Burka«. CSU-Generalsekretär Andreas Scheuer klagte im September 2016 darüber, dass ein »fußballspielender, ministrierender Senegalese« nicht mehr abzuschieben sei. Kernpunkte des »Deutschen« sind also in einer solchen Perspektive die Mitgliedschaft in einer christlichen Kirche und das Engagement in einem Sportverein. Die »deutsche Leitkultur«, die bis weit in das bürgerliche Lager hinein zur Messlatte erhoben wird, wird offenbar vor allem durch Sprache und Religion definiert bzw. in Abgrenzung durch jene Religion, die nicht zu Deutschland gehören soll: der Islam.

Vielleicht ist es sinnvoll, an dieser Stelle daran zu erinnern, dass die Freiheit des religiösen Bekenntnisses den ersten Artikel der amerikanischen Bill of Rights bildet und sich von der Religionsfreiheit die Meinungs- und Pressefreiheit ableitete. Das religiöse Toleranzgebot bildet den Grundstein der amerikanischen Verfassung. Ebenso hält das Grundgesetz der Bundesrepublik Deutschland im Artikel 3 unmissverständlich fest, dass niemand »wegen seines Geschlechtes, seiner Abstammung, seiner Rasse, seiner Sprache, seiner Heimat und Herkunft, seines Glaubens, seiner religiösen oder politischen Anschauungen benachteiligt oder bevorzugt werden« darf. Und der folgende Artikel 4 stellt noch einmal klar: »Die Freiheit des

Glaubens, des Gewissens und die Freiheit des religiösen und weltanschaulichen Bekenntnisses sind unverletzlich. Die ungestörte Religionsausübung wird gewährleistet.«

Wem also die Verfassungsordnung Deutschlands wichtig ist, der dürfte kein Problem damit haben, dass Menschen sich zum Islam bekennen – im Gegenteil, die Freiheit des Glaubens müsste ihm ein Grundanliegen sein. Dennoch heißt es im Grundsatzprogramm der AfD wie im Programm zur Bundestagswahl 2017 wuchtig: »Der Islam gehört nicht zu Deutschland. In seiner Ausbreitung und in der Präsenz einer ständig wachsenden Zahl von Muslimen sieht die AfD eine große Gefahr für unseren Staat, unsere Gesellschaft und unsere Werteordnung.«[117] Wieder wird deutlich, dass das Volk der AfD nicht alle Staatsbürgerinnen und Staatsbürger, gleich welchen Geschlechts, Glaubens, welcher Hautfarbe oder Abstammung sie sind, umfasst, sondern kulturell, ethnisch abgegrenzt ist. Zwar formuliert die AfD, dass sie sich uneingeschränkt zur Glaubens-, Gewissens- und Bekenntnisfreiheit bekenne – um dann aber im nächsten Satz zu fordern, dass der Religionsausübung Schranken gesetzt werden sollen. »Einer islamischen Glaubenspraxis, die sich gegen die freiheitlich-demokratische Grundordnung, unsere Gesetze und gegen die jüdisch-christlichen und humanistischen Grundlagen unserer Kultur richtet, tritt die AfD klar entgegen.«[118]

Sehen wir einmal von der Selbstverständlichkeit ab, dass jede Handlung, die gegen die im Grundgesetz ver-

---

117 Grundsatzprogramm AfD 2016, S. 49; AfD-Programm zur Bundestagswahl 2017, S. 34.
118 Ebenda, S. 48.

ankerten Grundrechte und gegen die Gesetze der Bundesrepublik Deutschland gerichtet ist, rechtlich geahndet wird, egal welchen Glaubens der Täter ist. Entscheidend im Programm der AfD ist vielmehr die von vornherein gesetzte Ausgrenzung des Islam. Vielen, die sich jetzt zur Verteidigung eines jüdisch-christlichen Abendlandes – wobei es, offen gestanden, unbehaglich wird, wenn, nachdem es gerade drei Generationen her ist, dass Deutsche alle Juden bis in das letzte Glied vernichten wollten, nun unbefangen vom jüdisch-christlichen Abendland die Rede ist, als hätte es die Shoah nicht gegeben – aufschwingen, ist Religion längst einerlei. Kirchen werden kaum noch besucht, christliche Feiertage als Urlaubstage gern genutzt, ohne noch zu verstehen, welche religiöse Bedeutung diese Feiertage besitzen. All diejenigen, die sich wie die AfD über die Verschleierung von Frauen empören, haben längst nicht mehr im Blick, dass im christlichen Abendland seit Jahrhunderten die Verschleierung, die nur das Gesicht freiließ, zur Kleiderordnung von Nonnenorden gehörte und bis heute gehört, wie die Ausstellung »Cherchez la femme« zur Verhüllung von Kopf und Körper in muslimischen, christlichen und jüdischen Kulturen im Jüdischen Museum in Berlin 2017 eindrucksvoll zeigte.[119] Bei aller religiösen Rhetorik geht es in der Ablehnung des Islam offenkundig weniger um die Verteidigung christlicher Werte als vielmehr um »Othering«, um die Grenze von Zugehörigkeit und Nicht-Zugehörigkeit.

Einzelne Menschen werden aufgrund ihrer Sprache, Herkunft, Eigennamen oder ihrer Kleidung einem bestimmten Kollektiv zugeordnet: dem Islam. Weder wird

119 https://www.jmberlin.de/ausstellung-cherchez-la-femme [6. 6. 2017].

damit das jeweilige Individuum berücksichtigt, für das die Religion eine mehr oder weniger wichtige, womöglich gar keine Rolle spielt, noch wird der Islam differenziert, der ebenso wie das Christentum oder das Judentum eine Vielzahl von ganz unterschiedlichen Ausprägungen besitzt. Die Soziologin und Religionswissenschaftlerin Naime Çakir hat daher von einer »Ethnisierung des Islam« gesprochen, weil zur Kennzeichnung einer Menschengruppe nicht mehr soziale, kulturelle oder politische Kriterien herangezogen werden, sondern die angebliche Religionszugehörigkeit zur Charakterisierung offenbar ausreicht. Laut einer Umfrage des Instituts für Demoskopie Allensbach zur Einstellung der Deutschen zum Islam aus dem Jahr 2006 assoziierten 91 Prozent der Befragten den Islam mit »Benachteiligung von Frauen«, 83 Prozent mit »Fanatismus«, 71 Prozent hielten ihn für »intolerant« und 60 Prozent für »undemokratisch«. »War das historische Thema der Islamfeindlichkeit«, resümiert Naime Çakir, »den Fremden in der Fremde zu bekämpfen, ist das Thema der modernen Islamfeindlichkeit, den ›Fremden‹ im Innern zu bekämpfen. Der Fremde im Innern erscheint hierbei gefährlicher als der äußere Feind.«[120]

Selbstverständlich können Verfassungsordnung und religiöse Praxis in Konflikt miteinander geraten, wenn christlich-fundamentalistische Eltern zum Beispiel ihre Kinder nicht in eine Schule schicken wollen und sie damit der Schulpflicht entziehen, weil dort die Darwin'sche Teufelslehre von der Abstammung des Menschen durch genetische Entwicklung und Umweltanpassung gelehrt werde, oder wenn muslimische Familien minderjährige

120 Çakir, Pegida, S. 152–158.

Mädchen verheiraten wollen und damit deren gesetzlich garantiertes Selbstbestimmungsrecht, das mit der Volljährigkeit einsetzt, unterlaufen. Dass hier Lösungen nicht einfach sind, Konflikte benannt und verhandelt werden müssen, hat kein Geringerer als Jürgen Habermas reflektiert. »Die postsäkulare Gesellschaft«, sagte er in seiner Rede zur Verleihung des Friedenspreises des Deutschen Buchhandels 2001, »setzte die Arbeit, die die Religion am Mythos vollbracht hat, an der Religion selbst fort. Nun freilich nicht mehr in der hybriden Absicht einer feindlichen Übernahme, sondern aus dem Interesse, im eigenen Haus der schleichenden Entropie der knappen Ressource Sinn entgegenzuwirken. Der demokratisch aufgeklärte Commonsense muss auch die mediale Vergleichgültigung und die plappernde Trivialisierung aller Gewichtsunterschiede fürchten. Moralische Empfindungen, die bisher nur in religiöser Sprache einen hinreichend differenzierten Ausdruck besitzen, können allgemeine Resonanz finden, sobald sich für ein fast schon Vergessenes, aber implizit Vermisstes eine rettende Formulierung einstellt. Eine Säkularisierung, die nicht vernichtet, vollzieht sich im Modus der Übersetzung.«[121]

Der Satz, dass der Islam nicht zu Deutschland gehöre, will weniger eine religiöse als eine kulturelle Grenze bestimmen, mit der jene, die nicht zu »uns« gehören, benannt werden. Damit wird, was »deutsch« ist, wer dem »deutschen Volk« zugehörig ist, negativ, durch Ausgrenzung definiert – eine Grenzziehung, die sich eben nicht von der Verfassung her rechtfertigen lässt. Kulturelle Grenzen sind nichts Ungewöhnliches. Es hat stets ver-

---

121 Habermas, Glauben und Wissen, S. 29.

schiedene Auffassungen in Gesellschaften gegeben, wer zu einer jeweiligen Gruppe dazu gehören darf oder nicht, ebenso wie die Aushandlungsprozesse darüber, denn solche kulturellen Grenzen verändern sich im Laufe der Zeit aufgrund wechselnder Kontexte. Die gegenwärtige Rede vom »christlich-jüdischen Abendland« ist dafür ein beredtes Beispiel, hat doch das christliche Abendland in den vergangenen Jahrhunderten immer wieder deutlich gemacht, dass die jüdische Minderheit nicht zugehörig sei.

Auch die AfD hat erkennbare Abgrenzungsprobleme gegenüber explizit antisemitischen Positionen. Der Fall des baden-württembergischen Abgeordneten Wolfgang Gedeon, der seine antijüdische Gesinnung offen publiziert, wurde das weithin bekannteste Beispiel für Antisemitismus in der AfD, steht aber keineswegs allein. Das Problem in Baden-Württemberg wurde nur mühsam »gelöst«, indem die AfD-Führung Gedeon im Juni 2016 dazu brachte, die Fraktion zu verlassen. Aber der Konflikt in der Partei hatte sich ja nur deshalb so zugespitzt, weil sich ein Großteil der AfD-Abgeordneten des Landtages zuvor geweigert hatte, sich von Gedeon zu trennen. Auch heute ist Gedeon weiterhin AfD-Mitglied und war sogar Delegierter auf dem Bundesparteitag im April 2017 in Köln.[122]

Ebenso wie mit der ethnisiert-islamfeindlichen Politik gerät die AfD in Konflikt mit den im Grundgesetz formulierten Grundrechten, wenn es um das Recht auf sexuelle Selbstbestimmung geht. Familienförderung betreibt die AfD, weil sie »eine Schrumpfung unserer angestamm-

122 Siehe Funck, Gedeon, sowie Pfahl-Traughber, AfD und Antisemitismus.

ten Bevölkerung« fürchtet, wie es im Programm für den Bundestagswahlkampf 2017 heißt. Der »Erhalt des eigenen Staatsvolks ist vorrangige Aufgabe der Politik und jeder Regierung.«[123] Dementsprechend hält die AfD am traditionellen »Bild der Familie aus Vater, Mutter und Kindern« fest und lehnt alle Versuche, den Begriff der Familie auf andere Lebensgemeinschaften auszudehnen, ausdrücklich ab[124], selbst wenn die eigene Spitzenkandidatin Alice Weidel in einer gleichgeschlechtlichen Partnerschaft mit zwei Kindern lebt. In ihrem Grundsatzprogramm wie in ihrem Programm zur Bundestagswahl 2017 fordert die AfD, die Förderung der Gender-Forschung zu beenden und die Gleichstellungsbeauftragten an den Universitäten abzuschaffen. »Ideologische Beeinflussung durch das ›Gender-Mainstreaming‹« dürfe es an den Schulen nicht mehr geben. »Unsere Kinder dürfen an der Schule nicht zum Spielball der sexuellen Neigungen einer lauten Minderheit werden.«[125] Einen konsequenten Schritt weiter geht die AfD Bremen, in deren Wahlprogramm aus dem Jahr 2015 es heißt: »Alle Gewalt geht vom Volke aus, das sich seiner Wahlmöglichkeiten bewusst ist, aber nicht von Menschen, die sich ihr Geschlecht wählen können.«[126] Nicht die Kritik an Lebensformen, die mit den traditionellen Auffassungen von

---

123 AfD-Programm zur Bundestagswahl 2017, S. 37.

124 Ebenda.

125 Grundsatzprogramm AfD 2016, S. 54; AfD-Programm zur Bundestagswahl 2017, S. 41.

126 Wahlprogramm AfD Bremen 2015, S. 11, http://www.alternative fuer-bremen.de/wp/wp-content/uploads/2015/05/2015-05-04_AfD-Bremen_Wahlprogramm-2015_V2.6-3.pdf [10. 1. 2017, mittlerweile gelöscht].

Geschlecht, von Ehe und Familie nicht übereinstimmen, ist verwerflich, sondern eben die Verknüpfung mit dem politischen Volk, dem Souverän der Demokratie. Menschen, die ihr Geschlecht wechseln, sollen laut der Bremer AfD keine Bürgerrechte mehr besitzen, nicht wählen dürfen oder gewählt werden. Wäre es nicht der nächste folgerichtige Schritt, zu fordern, solchen Menschen die deutsche Staatsbürgerschaft abzuerkennen?

Die AfD verknüpft den Begriff des Volkes elementar mit der Kategorie der Zugehörigkeit, die nicht mehr verfassungsrechtlich definiert ist, sondern von kulturellen und ethnischen Kriterien abhängt. Im Zentrum steht vor allem die Frage, wer nicht zum deutschen Volk gehören darf. Wer nicht deutscher Abstammung ist (was immer darunter zu verstehen ist), nicht der »deutschen Leitkultur« entsprechend lebt, sich nicht dem »christlichen Abendland« verpflichtet fühlt oder sich die Freiheit sexueller Selbstbestimmung nimmt, kann in der Perspektive der AfD nicht zum deutschen Volk dazugehören.

Volksgemeinschaft

Es ist daher nicht verwunderlich, dass innerhalb der AfD Begriffe wie »Volksgemeinschaft« oder »völkisch« salonfähig werden, weil damit an semantische Felder von »Volk« angeknüpft werden kann, mit denen ethnische Zugehörigkeitsmerkmale verstärkt werden. André Poggenburg, Landesvorsitzender der AfD in Sachsen-Anhalt, schrieb zum Jahreswechsel am 30. Dezember 2015: »Die AfD Sachsen-Anhalt spricht eine klare, unideologische Sprache und verwehrt sich gegen das ideologische Überzeichnen und einseitige Zuordnen sprachlicher Begriffe, die in ihrem Ursprung und ihrer grundsätzlichen Bedeutung ein positiver Ausdruck und Bestandteil der deutschen Sprache sind. ›Volksgemeinschaft‹ ist ein solcher Begriff. Die enthaltenen Worte Volk und Gemeinschaft sind in keiner Weise negativ zu sehen, so wie der Begriff Volksgemeinschaft insgesamt.« Auch der damalige SPD-Vorsitzende und Reichspräsident Friedrich Ebert habe den Begriff der Volksgemeinschaft gebraucht und als etwas Positives verstanden. Und dann zitiert Poggenburg den Historiker Michael Wildt: »Der Begriff Volksgemeinschaft weist darauf hin, dass das Politische nicht nur im Staat, sondern auch in der Gesellschaft und aus ihr heraus entsteht, dass politische Ordnungen im Sozialen, in sozialen Erfahrungen wie Erwartungen ihre Grundlage haben können.« Diese Definition stelle sein, Poggenburgs, Verständnis des Begriffs Volksgemeinschaft treffend dar und sei in diesem Sinne im Weihnachtsgruß der AfD Sachsen-Anhalt enthalten. Die Alternative für Deutschland stehe nun mal zweifellos für mehr politische Bürgerbeteiligung und weniger Staat.[127]

Nun kann sich niemand dagegen wehren, zitiert zu werden. Wenn jedoch die AfD Sachsen-Anhalt glaubt, dass sie dadurch wissenschaftliche Reputation ergattern kann, dass sie sich auf mich als Historiker beruft, der angeblich eine positive Interpretation der »Volksgemeinschaft« vertritt, dann liegt André Poggenburg völlig falsch. Wer vor 1933 den Begriff der »Volksgemeinschaft« gebrauchte, musste in der Tat kein Nationalsozialist sein. Friedrich Ebert, Hugo Preuß und zahlreiche andere Politiker aus demokratischen, verfassungstreuen Parteien der

127 https://www.facebook.com/poggenburg/posts/1249762595039034 [10. 1. 2017].

Weimarer Republik haben den Begriff der Volksgemeinschaft verwandt, weil sie – wie im zweiten Kapitel ausgeführt – in einem Deutschen Reich, das nach der Niederlage und Revolution 1918/19 tief gespalten war, in dem von
rechts wie von links die Verfassungsordnung mit Gewalt
und Bürgerkrieg infrage gestellt wurde, mit diesem Ter-
minus politisch einigen, auf die Verfassung als gemeinsame Grundlage verpflichten wollten.

Für die völkische Rechte, insbesondere für die Nationalsozialisten, war der Begriff vor allem dadurch geprägt,
wer nicht zur Volksgemeinschaft gehören sollte, allen
voran die Juden. Als »Gemeinschaftsfremde« wurden Juden, Roma und Sinti, behinderte und kranke Menschen,
sogenannte »Asoziale« und »Arbeitsscheue« aus der
»Volksgemeinschaft« ausgegrenzt, verfolgt und ermordet. Wer daher nach 1945 wie die AfD und andere rechte
Gruppierungen immer noch mit der »Volksgemeinschaft« hantiert, befindet sich stets in der geistigen Nähe
des Nationalsozialismus, denn nach den Verbrechen des
NS-Regimes, die im Namen der »Volksgemeinschaft« be-
gangen wurden, gibt es keinen »unschuldigen« Gebrauch
dieses Begriffs mehr.

Während der Begriff des Volkes stets auch das republikanische Verständnis einer Versammlung von gleichen
Staatsbürgerinnen und Staatsbürgern, unabhängig von
ihrer Hautfarbe, Geschlecht oder religiösem Bekenntnis,
in sich trägt, bietet die »Volksgemeinschaft« eine semantische Verschiebung, die den Abstand zum demokratischen Staatsvolk und zu einer liberalen Auffassung von
selbstständigen Individuen, deren Freiheit, Sicherheit
und Glücksstreben die politische Ordnung gewährleisten
soll, markiert. Die Betonung der Gemeinschaft des Volkes

hält Distanz zu »Gesellschaft«, mit all den Dichotomien, die mit dem ideologischen Gegensatz von Gemeinschaft und Gesellschaft ausgetragen werden. Der sprachliche Lackmus-Test ist schnell gemacht: Von einer »Volksgesellschaft« ist keine Rede!

In ähnlicher Absicht wie André Poggenburg hat auch die AfD-Bundesvorsitzende Frauke Petry versucht, den Begriff »völkisch« wieder weißzuwaschen. In einem Interview mit der *Welt am Sonntag* vom 11. September 2016 sagte sie, man müsse »daran arbeiten, dass dieser Begriff wieder positiv besetzt« werde. Es sei eine »unzulässige Verkürzung«, wenn gesagt werde, »›völkisch‹ ist rassistisch […]. Ich benutze diesen Begriff zwar selbst nicht, aber mir missfällt, dass er ständig nur in einem negativen Kontext benutzt wird.« Sie habe ein Problem damit, »dass es bei der Ächtung des Begriffes ›völkisch‹ nicht bleibt, sondern der negative Beigeschmack auf das Wort ›Volk‹ ausgedehnt wird«. Der Begriff »völkisch« sei letztlich »ein zugehöriges Attribut« zum Wort »Volk«, so Petry.[128] Die heftige öffentliche Reaktion auf diese Aussagen zeigen womöglich die Grenzen auf, die einer Rehabilitierung von Begriffen, die durch den Nationalsozialismus kontaminiert sind, entgegenstehen. Aber Petrys Absicht ist offensichtlich: Wieder ein völkisches Vokabular öffentlich »sagbar« werden zu lassen, das bislang als Sprache des Dritten Reiches gebrandmarkt war. In dieselbe Richtung stieß Björn Höcke, Sprecher der AfD Thüringen und Vorsitzender der AfD-Fraktion im thüringischen Landtag, mit seiner Dresdner Rede im Januar 2017, in der er das

---

128 https://www.welt.de/politik/deutschland/article158049092/Petry-will-den-Begriff-voelkisch-positiv-besetzen.html [10. 1. 2017].

Denkmal zur Erinnerung an die ermordeten europäischen Juden als ein »Denkmal der Schande« bezeichnete und eine »erinnerungspolitische Wende um 180 Grad« forderte. Mit Höckes Rede, die weithin Entsetzen und Empörung auslöste, war allerdings offenbar eine rote Linie überschritten worden. Auch das konservative Bürgertum wandte sich von dem Versuch ab, die Erinnerung an den Holocaust auslöschen zu wollen. Der AfD-Parteivorstand suchte die Flucht nach vorn und leitete ein Parteiausschlussverfahren gegen Höcke ein, das jedoch innerhalb der Partei auf heftige Widerrede stieß; Höcke selbst ruderte zurück und befand selbstkritisch, dass er einen »falschen Ton« angeschlagen habe. Mittlerweile hat die Staatsanwaltschaft Dresden das Verfahren gegen Höcke wegen Volksverhetzung eingestellt; seine Äußerungen seien durch die Meinungsfreiheit gedeckt. Der AfD hat die Höcke-Rede offenkundig geschadet, denn der Höhenflug der Partei in der Wählergunst ist seither deutlich gesunken. Bei der Landtagswahl im Saarland im März 2017 erhielt sie 6,2 Prozent der Stimmen, in Schleswig-Holstein im Mai 5,9 Prozent und in Nordrhein-Westfalen, ebenfalls im Mai 2017, 7,4 Prozent. Hoffnungen, im September mit einem zweistelligen Ergebnis in den Bundestag einziehen zu können, die im vergangenen Jahr aufgrund der Umfrageergebnisse gehegt worden sind, haben sich verflüchtigt.

Dennoch sollte man nicht annehmen, dass das völkische Denken in der AfD an den Rand gedrängt worden sei. Der Bundesparteitag der AfD im April 2017 hat in der taktischen Auseinandersetzung, wie das konservative Bürgertum am besten zu erreichen sei, mit einer Niederlage von Frauke Petry geendet, die auf ihren Anspruch, Spitzenkandidatin der Partei zur Bundestagswahl zu sein, verzichtet hat. Nun vertreten Alice Weidel und Alexander Gauland, der aus seinen Sympathien für Höcke, Poggenburg keinen Hehl macht, die AfD als Spitzen-Duo. Die völkischen Geister, die Frauke Petry selbst rief, drängen sie nun aus der Führung der Partei.

Über die Verflechtungen der AfD zur Neuen Rechten, insbesondere zur Zeitung »Junge Freiheit« und zu Vordenkern wie Karlheinz Weißmann und Götz Kubitschek und deren Institut für Staatspolitik, ist mittlerweile dank der Recherchen von Volker Weiß einiges bekannt.[129] Jüngst wurden auch die Verbindungen von AfD-Aktivisten zur »Identitären Bewegung« offenbar, eine militant völkische Gruppe vornehmlicher junger Leute, die mit spektakulären Aktionen wie der Besetzung des Brandenburger Tors im August 2016 für die Abschottung der Grenzen, gegen eine offene Gesellschaft und für völkische Identität demonstriert. Bei dem Versuch von rund 50 Aktivisten der »Identitären Bewegung« im Mai 2017, das Bundesjustizministerium in Berlin gewaltsam zu stürmen, war auch Jannik Brämer dabei, Mitglied des Berliner Landesvorstands der »Jungen Alternative«, der Jugendorganisation der AfD, und Kandidat der AfD für die Bezirksversammlung in Berlin-Charlottenburg. Er wurde nach der Aktion wegen gefährlicher Körperverletzung per Haftbefehl gesucht und Ende Mai festgenommen. Die AfD Berlin leitete umgehend ein Parteiausschlussverfahren gegen Brämer ein, aber die Verbindungen der Partei in die rechtsextreme Szene sind mit dem Fall Brämer evident geworden.

Ob derlei Aktionen nationalsozialistisches Gedankengut rehabilitieren sollen, sei dahingestellt. Aber in je-

129 Weiß, Revolte.

dem Fall soll völkisches Denken, wie es vor 1933 üblich war, wieder salonfähig gemacht und von der Verbindung zum Nationalsozialismus entkoppelt werden, als hätte dieser nicht seine Verwurzelung in völkischen Überzeugungen gehabt. Meiner Beobachtung nach geht es Petry, Höcke, Poggenburg nicht darum, den Nationalsozialismus zu rechtfertigen, sondern vielmehr um seine Entsorgung. Indem behauptet wird, Begriffe wie völkisch oder Volksgemeinschaft hätten eine vom Nationalsozialismus unabhängige Bedeutung, werden das diskursive Feld und der politische Gebrauch solcher Vokabeln bewusst verfälscht, um eben deren Verbindungen, Korrespondenzen und Hinführungen zur nationalsozialistischen Weltanschauung zu verbergen. Nicht jeder, der in den 1920er Jahren völkisch dachte, wurde Nationalsozialist; aber Nationalsozialismus ist ohne völkisches Denken nicht denkbar. Heute zu behaupten, diese Begriffe hätten eine vom Nationalsozialismus unabhängige Bedeutung, verfälscht deren Begriffsgeschichte und will eben jene Verbindungen zum Nationalsozialismus abblenden.

Die AfD hat erkannt, dass in der Rede vom Volk, auch erweitert zur Volksgemeinschaft, eine wirkmächtige politische Kraft steckt, weil sie mit dem Satz »Wir sind das Volk« an alle appellieren kann, die sich von der herrschenden Politik unbeachtet, abgehängt oder gar missachtet fühlen und nun mit dem Hinweis auf das »Volk«, das doch der Souverän jeder Demokratie sei, eine Aufwertung erfahren, die im normalen Politikbetrieb der Republik kaum noch existiert. Der oben bereits erwähnte Mark Jongen bringt diesen Vertretungsanspruch der AfD in seinem Interview mit der ZEIT auf die Formel: »Wir sind die ›Lobby des Volkes‹, nicht einzelner Interessensgruppen. Wir schauen auf das Gesamtwohl.«[130]

Mit ihrem Verständnis und ihrer Gebrauchsweise des Begriffs »Volk« macht die AfD deutlich, dass es ihr wiederum vor allem um Exklusion geht, um die Definition derer, die nicht zum »Volk« dazugehören sollen. Kulturelle Definitionen eines Volkes durch Sprache, Kultur oder Geschichte mögen Gefühle von Zugehörigkeit erleichtern; eine Grundlage für eine demokratische Verfassungsordnung auf der Basis der Menschenrechte sind sie nicht. Wer Staatsbürgerschaft von Abstammung abhängig machen will, führt jenes *ius sanguinis,* das Blutsrecht, wieder ein, das durchaus rassistisch und antisemitisch kodifiziert werden kann, wie die Nürnberger Gesetze zur Reichsbürgerschaft 1935 belegen. Wohlgemerkt, kulturell bestimmte Grenzen sind noch keine ethnischen oder gar rassistischen. Aber die politische Absicht, ein »Volk« nach anderen Kriterien als denen der politischen Gleichheit und Bürgerrechte zu konstituieren, birgt stets die Gefahr der Radikalisierung in sich. Die Diskussion um den Islam offenbart, wie rasch viele bereit sind, das Grundrecht auf freie Religionsausübung zu verweigern, wenn es um das Gefühl geht, »die« gehören nicht zu »uns«. Auf einer solchen Grundlage politische Rechte zu verweigern, erscheint mir nicht nur problematisch, sondern verfassungswidrig. Die AfD bezeichnet sich selbst, wie es in ihrem Grundsatzprogramm heißt, als »Partei des gesunden Menschenverstandes«. Sie ist nicht weit entfernt davon, eine »Partei des gesunden Volksempfindens« zu werden.

130 »Man macht sich zum Knecht«, Interview mit Mark Jongen, *Die ZEIT*, 9. 6. 2016, http://www.zeit.de/2016/23/marc-jongen-afd-karlsruhe-philosophie-asylpolitik [6. 6. 2017].

»Alle sind das Volk«. Ein Ausblick

»Alle Staatsgewalt geht vom Volk aus« – nicht zufällig winken Verfassungsjuristen, wie der Staatsrechtler Friedrich Müller einmal schrieb, am liebsten alle Nachfragenden an diesem grundlegenden Verfassungsartikel mit den Worten vorbei: Weiter, weiter, weiter, hier gibt es nichts zu sehen![131] Bei aller sorgfältigen Einhegung der Volksgewalt durch die Verfassung, trotz aller Verfahrensregeln, mit denen das Volk in einer repräsentativen Demokratie seine Gewalt ausübt, kann doch nichts darüber hinwegtäuschen, dass das Volk der Souverän der Demokratie ist und über die politische Ordnung entscheiden kann, auch gegen die Verfassung.

Und es erschreckt daher verständlicherweise all diejenigen, die den Status quo als festgefügte, unveränderliche Ordnung wahrgenommen haben, wenn Bewegungen und Parteien in Deutschland, in Europa und anderen Teilen der Welt, die sogar mit *populus,* dem lateinischen Namen für Volk, bezeichnet werden, mit Nachdruck behaupten: Wir sind das Volk! »Wenn unsere Volksvertreter ihre Aufgabe darin sehen, das Volk zu entmündigen«, so der langjährige Journalist der *Frankfurter Allgemeinen Zeitung* und der *Welt* und heutiger Vorstandsvorsitzender der AfD-nahen Desiderius-Erasmus-von-Rotterdam-Stiftung Konrad Adam auf dem Gründungsparteitag der AfD 2013, »sollten wir selbstbewusst genug sein, den Vorwurf des Populismus als Auszeichnung zu betrachten. Und alle Welt daran zu erinnern, dass die Demokratie

131 Müller, Wer ist das Volk?, S. 14.

insgesamt eine populistische Veranstaltung ist, weil sie das letzte Wort dem Volk erteilt: dem Volk, wie gesagt, nicht seinen Vertretern.«[132]

Populisten, so der Politikwissenschaftler Jan-Werner Müller, sind nicht nur anti-elitär, indem sie die herrschenden Eliten als korrupt, unmoralisch und parasitär verurteilen, sondern auch anti-pluralistisch. Zur Kritik an den Eliten kommt hinzu »der dezidiert moralische Anspruch, dass einzig die Populisten das wahre Volk vertreten; alle anderen vermeintlichen Repräsentanten der Bürger seien auf die eine oder andere Art illegitim. Insofern reklamieren Populisten nicht so sehr den Satz ›Wir sind das Volk‹ für sich, ihre Botschaft lautet vielmehr: ›*Nur wir* vertreten das Volk‹.«[133]

Doch würde es sich die Kritik am Populismus zu leicht machen, wenn sie dem »wahren« Volk der Populisten das »wahre« Volk der liberalen Demokratie entgegensetzen, also dem partikularen Anspruch einer politischen Gruppe, das Volk zu repräsentieren, ein Volk gegenüberstellen würde, das aus allen Staatsbürgerinnen und Staatsbürgern besteht. Denn so universal, ursprünglich, unveränderlich wie die antipopulistische Rhetorik in der Gegenwart klingt, ist die Definition, was denn das Volk sei, keineswegs. Auch der *demos* kennt Exklusion und Inklusion, vor allem, wenn man den Begriff Volk historisiert und einen Blick in die Geschichte des Volkes wirft. Wer zum Volk gehören darf und wer nicht, wurde stets ausgehandelt; Besitzlose, Sklaven, Kolonisierte und Indigene zählten ebenso nicht dazu wie bis weit in das 20. Jahrhun-

132 Zitiert nach Müller, Populismus, S. 12.
133 Ebenda, S. 44.

dert hinein Frauen. *Demos,* darauf hat Michael Mann nachdrücklich hingewiesen, kann sich auch in *ethnos* verwandeln.[134]

Zur *polis* im antiken Athen gehörten die besitzenden, freien Männer, ausgeschlossen waren Ausländer, Sklaven und Frauen. Das Volk, das in der nordamerikanischen Verfassung 1787 mit »We the people of the United States« emphatisch beschworen wird, umfasste freie, weiße Männer, keine Frauen, keine Indigenen und erst recht keine Sklaven. Und wenn in der Erklärung der Menschen- und Bürgerrechte, die die französische Nationalversammlung am 26. August 1789 feierlich verabschiedete, festgehalten wurde, dass alle Menschen frei und gleich an Rechten geboren würden und die Souveränität im Staat nur beim Volk liegen könne, so waren Frauen weniger gleich, denn sie gehörten nicht zu diesem Volk, was schon damals – wie erwähnt – Olympe de Gouges empörte. Und auch die Sklaven der französischen Kolonie Saint-Domingue, die für sich nun das Recht in Anspruch nahmen, freie Menschen zu sein, stießen auf Widerspruch im revolutionären Paris und mussten ihre Anerkennung mit einem gewaltsamen Aufstand erzwingen. Überhaupt herrschte eine eklatante Diskrepanz, wie Susan Buck-Morss vor etlichen Jahren in ihrem Aufsatz *Hegel und Haiti* aufgezeigt hat, zwischen den pathetischen Proklamationen zur Freiheit und Gleichheit der Menschen und der rhetorischen Ablehnung jedweder Sklaverei auf der einen und der Gleichgültigkeit gegenüber der tatsächlichen Sklaverei auf der anderen Seite. »Dieselben Philosophen, die die Freiheit

---

134 Mann, Die dunkle Seite der Demokratie.

als den natürlichen Zustand des Menschen betrachteten und sie zu einem unveräußerlichen Menschenrecht erklärten, akzeptierten die millionenfache Ausbeutung der Sklavenarbeiter in den Kolonien als Teil der gegebenen Weltordnung.«[135]

Das politische Volk stimmte und stimmt nie mit dem sozialen Volk, der Gesellschaft, überein. In den historischen Fällen, auf die sich unsere westliche Welt beruft, bildete das politische Volk, »we the people«, vielmehr eine gesellschaftliche Minderheit – und erhob dennoch den Anspruch, für das gesamte soziale Volk zu sprechen und eine politische Ordnung zu errichten, Gesetze zu verabschieden, die für die ganze Gesellschaft Geltung hatten. Diese Diskrepanz zwischen dem politischen Volk als Subjekt und Autor der Gesetze und dem sozialen Volk als Objekt und Adressat hielt stets die Forderung nach politischer Partizipation bei denen wach, die aus dem Volk ausgeschlossen waren. Die Freiheits- und Gleichheitsrhetorik, die mit dem Volk in der Moderne verbunden ist, zog von Anfang an unweigerlich den Kampf um Freiheit und Gleichheit der Exkludierten mit sich. Sklaven ebenso wie Frauen, die nicht einsehen mochten, warum sie ungleicher und unfreier als weiße Männer sein sollten, haben die Rhetorik beim Wort ergriffen und für sich gleichfalls das Recht, als Menschen frei und gleich geboren zu sein, beansprucht.[136]

Die Zugehörigkeit zum Volk war stets umkämpft, und daher besteht kein Grund zu selbstgefälliger Überheblichkeit, wenn Populisten heute erneut die Frage, wer das

135 Buck-Morss, Hegel und Haiti, S. 41.
136 Das betont Fücks, Freiheit verteidigen, S. 38–40.

Volk sei, wer dazugehören dürfe und wer nicht, auf die politische Tagesordnung setzen. Was nottut, ist vielmehr die offensive Auseinandersetzung mit Forderungen, dass bestimmte Gruppen nicht zum deutschen, französischen, finnischen etc. Volk gehören sollen. Kein einziger Populist in Europa würde heute allen Ernstes Frauen aus dem politischen Volk wieder ausschließen wollen, obwohl das Wahlrecht für Frauen in den meisten europäischen Ländern erst nach dem Ersten Weltkrieg eingeführt wurde, in der von der AfD als Vorbild hingestellten Schweiz erst 1971 (im Schweizer Kanton Appenzell Innerrhoden sogar erst 1990, nachdem das Schweizer Bundesgericht der Klage etlicher Frauen stattgab und die Verfassungswidrigkeit der Kantonsverfassung bestätigte – übrigens gegen die Mehrheitsentscheidung der männlichen Wähler im Kanton, die an der bisherigen, Frauen ausschließenden Verfassung festhalten wollten). Die Argumente, Frauen die Partizipation am politischen Volk zu verweigern, liegen also keineswegs in weiter historischer Ferne, und mancher der 324 000 Schweizer Männer, die 1971 gegen das Frauenwahlrecht stimmten, gehören sicher auch heute noch zu den Demokraten in der Schweiz.

Mitunter zählt Geschichte doch, denn nur wer einen solchen historischen Horizont nicht berücksichtigt, mag sich über die Behauptung wundern, dass Muslime nicht zum deutschen Volk gehören sollen. Die Forderung, Menschen der deutschen Gesellschaft nun nicht wegen ihres Geschlechts (obwohl das Wahlprogramm der AfD Bremen, wie oben ausgeführt, erneut in diese Richtung weist), sondern aufgrund ihrer Religion aus dem Volk auszuschließen, ist von prinzipiell gleicher Qualität wie der einstige Ausschluss von Frauen. Und ähnlich wie im

Europa des 18., 19. und 20. Jahrhunderts werden wir wohl auch im 21. Jahrhundert dafür kämpfen müssen, dass kein Mensch »wegen seines Geschlechtes, seiner Abstammung, seiner Rasse, seiner Sprache, seiner Heimat und Herkunft, seines Glaubens, seiner religiösen oder politischen Anschauungen benachteiligt oder bevorzugt werden« darf (Artikel 3, Grundgesetz der Bundesrepublik Deutschland). Die Behauptung, eine Muslima oder ein Muslim seien aufgrund ihrer Religion kulturell nicht in der Lage, Demokrat zu sein, widerspricht dem demokratischen Grundversprechen, die Freiheit und Gleichheit aller zu achten, ohne damit die Individualität und vielfältigen Ungleichheiten zwischen Menschen aufzugeben. Im Gegenteil, Demokratie soll ja eine politische Ordnung gewährleisten, in der jede und jeder als freier Mensch den eigenen *pursuit of happiness* verwirklichen kann.

Aber das Volk, so haben wir in den vorangegangenen Kapiteln gesehen, kann noch andere Bedeutungen und Gestalten annehmen. Die enge Verbindung, die Volk und Nation in Europa im 19. Jahrhundert eingingen, überstieg die abstrakte Vorstellung Kants vom Volk als der »Menge, welche sich zu einem bürgerlichen Ganzen erkennt«,[137] und verstärkte weitere, kulturelle Differenzkriterien. Die von Gelehrten sorgsam ausgearbeitete politisch durchgesetzte gemeinsame Sprache sowie die von Historikern entworfene National-Geschichte setzten das eine Volk von dem anderem ab und sorgten nicht nur für horizontale, sondern auch für vertikale Unterschiede. Manche Völker konnten sich nun historisch höherentwickelt, »zi-

---

137 Siehe Fußnote 26, Seite 38.

vilisierter« dünken und aus ihrem »Volkscharakter« heraus Herrschaft über die übrigen Völker beanspruchen.

Geschichte ließ sich auch als Abstammung verstehen, mit der die historische Kontinuität genealogisch oder auch biologisch fortgedeutet werden konnte. Die Zugehörigkeit zu einem Volk war nun nicht mehr davon abhängig, ob man eine bestimmte Sprache sprach oder sich in eine spezifische Geschichte eingliederte. Vielmehr entschied das gemeinsame »Blut« über Inklusion und Exklusion – und damit ein Merkmal, das nicht mehr der freien Entscheidung einzelner Menschen unterlag. Ob jemand Deutscher war oder nicht, war nun keine Frage der Selbstbestimmung als vielmehr einer Fremdzuschreibung, über deren Definition politische wie wissenschaftliche Institutionen argwöhnisch wachten. Denn so naturwissenschaftlich der Rassismus in seiner Rhetorik daherkam, so wenig war er je in der Lage, seine eigenen rassistischen Differenzbestimmungen tatsächlich wissenschaftlich zu belegen. Wer Deutscher, Franzose, Pole oder Jude sei – wobei das Jüdische hier schon als völkische Zuschreibung verstanden wurde, nicht mehr als religiöses Bekenntnis, das Deutschen ebenso wie Franzosen oder Polen eigen sein kann –, blieb eine vornehmlich kulturelle Definition im Sinne eines Ausschlusses des »Anderen« und der Purifizierung der eigenen Gemeinschaft.

Die Ethnisierung des Volkes hat im 20. Jahrhundert rasant an Verbreitung und Legitimität gewonnen und in der nationalsozialistischen Volksgemeinschaft als Gestalt des rassistischen, antisemitischen und gewalttätigen Volkes ihren mörderischen Höhepunkt erreicht. Diese Definition des Volkes sprengte nationalstaatliche Grenzen und völkerrechtliche Vereinbarungen. Mit dem Satz »Recht ist, was dem Volke nutzt« ließ sich jede Verfolgungs- und Vernichtungspolitik gegen Juden, »Fremdvölkische« und »Gemeinschaftsfremde« in Deutschland wie der genozidale »Lebensraum«-Krieg gegen die übrigen europäischen Völker rechtfertigen. Die »Ausscheidung oder Vernichtung des Heterogenen«, hatte Carl Schmitt 1923 geschrieben, gehöre einerseits ebenso notwendig zur Demokratie wie Homogenität andererseits.[138]

Die nationalsozialistische Volksgemeinschaft setzte das politische und soziale Volk als rassistisch definierte, homogenisierte, »gesäuberte« und zu »säubernde« Gemeinschaft in eins, eliminierte individuelle wie kollektive Rechte zugunsten eines Verständnisses von sozialer wie politischer Partizipation als »Dienst am Volk«. So sicher wir uns wären, das NS-Regime als undemokratisch zu kennzeichnen, weil es Freiheits-, ja Existenzrechte seiner Bürgerinnen und Bürger ungleich definierte und realisierte, so schwierig wird es, es als bloße Diktatur, die auf Repression und Unterdrückung beruht, zu bestimmen, da bis weit in den Krieg hinein das Regime der Zustimmung der weitaus großen Mehrheit eines Volkes sicher sein konnte, das den Ausschluss des »Heterogenen« offenkundig billigte. Ließe sich, um das Problem zuzuspitzen, vom NS-Regime als rassistischer Volksherrschaft sprechen?

Aber auch der liberale Versuch, das Volk durch demokratische Verfahren gewissermaßen aufzulösen, be-

138 Schmitt, Lage, S. 14.

sitzt seine Tücken. Mit der Erfahrung der nationalsozialistischen Volksherrschaft im Rücken haben die Mütter und Väter des Grundgesetzes als gute Demokraten zwar an dem Prinzip der Volkssouveränität festgehalten, aber die Macht des Volkes verfassungsmäßig eingehegt. Die Staatsgewalt sollte »vom Volke in Wahlen und Abstimmungen und durch besondere Organe der Gesetzgebung, der vollziehenden Gewalt und der Rechtsprechung ausgeübt« (Artikel 20, Grundgesetz) werden. Dieser Grundgedanke, dass sich – entgegen Rousseau – der Wille des Volkes nicht direkt und unmittelbar ausdrückt, sondern durch demokratische Verfahren, also in erster Linie durch allgemeine, gleiche und freie Wahlen, zum Ausdruck gebracht wird, liegt nahezu allen modernen Demokratietheorien zugrunde. Die ungeschlachte Gewalt des Volkes wird institutionalisiert und an feste Regeln und rechtsstaatliche Prozeduren gebunden. Die Gewaltenteilung in Legislative, Exekutive und Judikative soll zudem ein System von *checks and balances* garantieren, damit weder das gesetzgebende Parlament noch die Regierung Übermacht gewinnen können und die Gerichte zusätzlich eine unverzichtbare Kontrollfunktion ausüben. So ist auch die in Deutschland starke Stellung des Bundesverfassungsgerichts eine Konsequenz aus der NS-Zeit, in der es eine solche Institution als Hüter der Verfassung nicht gab. »Auf dem mühsamen Weg zur rechtsstaatlichen Institutionalisierung der gleichen Teilnahme aller Bürger an der politischen Willensbildung«, resümiert Jürgen Habermas, »sind die Widersprüche manifest geworden, die im Begriff der Volkssouveränität selbst angelegt sind. Das Volk, von dem alle staatlich organisierte Gewalt ausgehen soll, bildet kein Subjekt mit

Willen und Bewußtsein. Es tritt nur im Plural auf, als Volk ist es im ganzen weder beschluß- noch handlungsfähig.«[139]

Vielmehr wählt das Volk, in Wirklichkeit: die wahlberechtigten Bürger, Vertreter für ein Parlament, das als Volksvertretung Gesetze beschließt und die Regierung ernennt. Dieses Repräsentativsystem, dessen Vernünftigkeit im Prinzip nicht infrage gestellt wird, birgt jedoch Fallstricke, die bereits, wie im ersten Kapitel geschildert, in der Kontroverse zwischen Federalists und Anti-Federalists zur Sprache kamen. Normativ hielten die Anti-Federalists fest, dass die Demokratie eine politische Ordnung der Selbstherrschaft sei, also nur die Bürger selbst Gesetze beschließen dürften, denen sie sich unterwerfen sollen. Andernfalls bestünde die Gefahr, dass die Volksvertreter sich dem Volk gegenüber entfremdeten oder sogar ihre Macht missbrauchen könnten, um selbstsüchtige Interessen zu verfolgen. Die Politikwissenschaftlerin Paula Diehl, die sich mit der Problematik der politischen Repräsentation beschäftigt, hebt zum einen die Spannung zwischen der Bildung des Volkes als politisches Subjekt einerseits und der Repräsentation seiner tatsächlichen Heterogenität andererseits hervor. Zum anderen seien grundsätzlich in der Demokratie alle Bürger gleich, doch schaffe die relative Machtübertragung auf die Repräsentanten eine hierarchische Beziehung zwischen den Repräsentierten und den Repräsentanten. Es gelte also, sowohl den Konflikt zwischen der Einheit des Volkes als politisches Subjekt und der Heterogenität seiner Repräsenta-

---

139 Habermas, Faktizität und Geltung, S. 607.

tion als auch zwischen Gleichheit der Bürger und Hierarchie in der Repräsentation zu lösen.[140]

Mit der populistischen Kritik an einer vermeintlich korrupten, unmoralischen und missbräuchlichen politischen Elite, worunter explizit die Abgeordneten der etablierten Parteien in den Parlamenten gezählt werden, ist die Debatte über die repräsentative Demokratie wieder voll entbrannt. So ist auf der einen Seite von der Krise des Repräsentativsystems allerorten die Rede, und auf der anderen Seite, deutlich hörbar bei der AfD, wird die Forderung nach Einführung von Formen direkter Demokratie lauter. Zwar hat Christoph Möllers, der an der Humboldt-Universität zu Berlin Öffentliches Recht, Verfassungsrecht und Rechtsphilosophie lehrt, zu Recht darauf aufmerksam gemacht, dass die Unterscheidung zwischen repräsentativer und direkter Demokratie in die Irre führt, da es auf demokratische und rechtsstaatliche Verfahren ankomme, die durchaus unterschiedlich strukturiert sein können. Parlamentswahlen und Volksabstimmungen schlössen sich keineswegs aus.[141] Aber die alte Versuchung, »das Volk« in Gegensatz zu seinen Repräsentanten zu setzen und aus dem Gefühl heraus, nicht repräsentiert zu sein, auf der Souveränität des Volkes zu beharren, ist auch heute wieder virulent. Die Macht, so behauptete Donald Trump in seiner Inaugurationsrede am 20. Januar 2017, werde mit seiner Präsidentschaft nicht von einer Administration auf eine andere übertragen, sondern »we are transferring power from Washing-

---

140 Diehl, Das Symbolische, das Imaginäre und die Demokratie.
141 Möllers, Demokratie, S. 29.

ton, D.C. and giving it back to you, the American People«.[142]

In der Tat ist das Volk als Ganzes nicht sichtbar, zu greifen oder empirisch zu erfassen; es ist »introuvable« (Pierre Rosanvallon), unauffindbar – und doch springt es mitunter auf die Bühne der Geschichte. Gerade in jenen revolutionären Momenten, in denen eine historische Zäsur gesetzt, ein Anfang gemacht wird, zeigt das Volk sich mit seiner Gewalt. Die städtischen Massen in Paris, die im Juli 1789 die Bastille stürmten und damit der Macht des Ancien Régime symbolisch ein Ende bereiteten, waren keine gewählten Vertreter des französischen Volkes noch legitimiert, das Volk zu repräsentieren. Selbst der Dritte Stand, der sich wenige Wochen später selbst zur Nationalversammlung, also zur Vertretung der ganzen französischen Nation, erklärte, hatte dazu keinen Auftrag. Die revolutionäre Aktion, so ließe sich demokratietheoretisch argumentieren, schuf erst das Volk, das dann in der Verfassung seine Gestalt annahm und seine Repräsentation legitimierte. Dennoch existiert jener revolutionäre Moment, in dem eine Gruppe von Menschen für sich in Anspruch nimmt, das Volk zu sein beziehungsweise für das Volk zu handeln, und für diese Behauptung Glaubwürdigkeit, Legitimität erringt.

Die Abertausenden Demonstranten, die sich am Vormittag des 9. November 1918 im Berliner Regierungsviertel versammelt hatten, um die sofortige Beendigung des Krieges und die Abdankung des Kaisers zu fordern, setzten die revolutionäre Erhebung im Deutschen Reich fort, die wenige Tage zuvor in Kiel begonnen hatte. Sie erzwan-

142 https://www.whitehouse.gov/inaugural_address [8. 6. 2017].

gen den Sturz des wilhelminischen Kaiserreichs und die Proklamation der Republik, den Beginn der Demokratie und der Volkssouveränität in Deutschland. Für alle Beteiligten war unzweifelhaft, dass in diesem Moment das »Volk« agiert und eine neue politische Ordnung durchgesetzt hat.

Die Massen, die 1989/90 in Prag, Kiew, Moskau, Warschau, Leipzig, Berlin den Sturz des Kommunismus bewirkten – ein Prozess, der in Polen bereits 1980 mit der Gründung der Solidarność begann –, waren ebenso wenig wie in Paris 1789 als Volksvertreter legitimiert, die alte Verfassung zu stürzen und eine neue, demokratische zu errichten. Aber niemand zweifelte an ihrer Legitimation, als Volk zu handeln. Die Demonstranten, die in Leipzig im Oktober 1989 riefen: »Wir sind das Volk!«, taten dies nicht, weil sie gewählte Volksvertreter waren, sondern weil sie der morschen Obrigkeit, die sich selbst als Volksvertretung inszenierte, unmissverständlich deutlich machen wollten, dass sie diesen Anspruch längst verloren hatte und das Volk nun für sich selbst spricht. Judith Butler hat jüngst noch einmal diese Emphase in ihren Überlegungen zur Versammlungsfreiheit unterstrichen: »Ein gewähltes Regime kann von einer öffentlichen Versammlung zum Stillstand gebracht oder bezwungen werden, die ›im Namen des Volkes‹ spricht und damit jenes ›Wir‹ inszeniert, das unter demokratischen Herrschaftsbedingungen die entscheidende Legitimationsinstanz ist.«[143]

Die verfassunggebende, konstituierende Gewalt des Volkes wurde mit der Französischen Revolution, so der

143 Butler, Anmerkungen, S. 211.

französische Historiker Pierre Rosanvallon, zum »getreu-esten Ausdruck des Demokratieideals«. Sie ist »eine radi-kal schöpferische, weil ursprüngliche Macht, reiner Aus-druck eines aufsteigenden Willens, eine absolut nackte, durch nichts bedingte Gewalt«.[144] Hier wird erkennbar, warum die Staatsrechtler, wie Friedrich Müller spöttisch bemerkt, gern an dem Verfassungsartikel, dass alle Ge-walt beim Volke liegt, vorbeiwinken möchten. Denn die Macht, eine historische Zäsur zu setzen, einen Bruch der Geschichte zu bewirken und alle sorgsam erdachten Ein-hegungen, Regeln, Verfahren mit einem Mal hinwegzu-fegen, bleibt dem Volk als Souverän vorbehalten. Und alle revolutionären Momente zeigen – sonst wären sie schlechterdings nicht revolutionär –, dass die alten Re-geln und Verfahren außer Kraft gesetzt und neue einge-setzt werden. Die entscheidende Differenz zum Putsch und Staatsstreich besteht darin, dass die Menschen, die den Bruch herbeiführen, nicht allein von sich behaupten können, für das Volk zu handeln, sondern dass ihnen ge-glaubt wird – und der Umsturz im Nachhinein wiederum mit demokratischen Regeln legitimiert wird. Das Volk bleibt weiterhin unauffindbar, aber in jenen revolutionä-ren flüchtigen Momenten wird es sichtbar und seine Macht spürbar. Darum ist die Behauptung: »Wir sind das Volk« so mächtig und zugleich gefahrvoll, weil sie sich, wenn sie Glaubwürdigkeit erlangt, in bedingungslose Poli-tik verwandeln kann, die sich an bisherige Verfassungs-regeln nicht mehr gebunden fühlt, wie die polnische PiS-Regierung derzeit demonstriert.

144 Rosanvallon, Demokratische Legitimität, S. 154.

Rosanvallon wendet zu Recht ein, dass diese konstituierende Gewalt des Volkes nur in Ausnahmemomenten möglich sei und nicht die Regel darstellen könne, wenn man nicht die Revolution in Permanenz wolle. Es gebe daher auch eine Temporalität des Volkes, eine zeitliche Dimension, die verschiedene Gestalten und Ausdrucksmöglichkeiten des Volkes bedinge. Das Volk, das 1789, 1918, 1989/90 sichtbar wurde, ist eben auch Geschichte. Und hinter den heroischen Zügen des revolutionären Volkes dürfen auch die hässlichen und gewalttätigen nicht vergessen werden. Die Lynchmorde durch den Straßenmob, der Terror gegen angebliche »Volksfeinde« oder die Gewaltexzesse gegen Ausländer in Hoyerswerda 1991 und in Rostock-Lichtenhagen 1992 gehören zweifellos zur Volksgewalt dazu.

Diese konstituierende Gewalt des Volkes in seiner triumphalen wie furchterregenden Gestalt, die von den Populisten aufgerufen wird, birgt bei aller Ambivalenz und Gefahr jedoch auch Chancen, denn die Behauptung »Wir sind das Volk« erinnert uns mit Macht daran, dass demokratische Regeln nicht für alle Zeiten festgeschrieben werden können. Christoph Möllers unterstreicht, dass niemand zur Demokratie gezwungen ist, sondern diese nur als Folge unserer eigenen freiwilligen Entscheidung begründet werden kann. Insofern haben wir auch die Macht wie Legitimation, die historisch gewachsenen demokratischen Formen zu verändern. Demokratien bedürfen permanenter Erneuerung. Sie »ruhen nicht auf einem Fundament. Sie sind in ständiger Bewegung, einem Schiff vergleichbar, das repariert wird, während es auf See ist. Demokratisch bleibt die Ordnung, solange sie den Grundsatz gleicher Freiheit respektiert und in allen anderen Belangen diesem Grundsatz entsprechend geändert werden kann.«[145] Der populistische Moment sei gegeben, so Hans-Jürgen Puhle, in »Zeiten der drohenden Verkrustung der Systeme, der Phantasielosigkeit der Etablierten und der notwendigen Erneuerung«.[146] Es liegt daher nicht fern, wenn auch auf der Linken Chantal Mouffe und Ernesto Laclau im Populismus eine Chance sehen, in der Mobilisierung des Volkes die Gleichheitsfassade der repräsentativen Demokratie zu durchbrechen und die sozialen Konflikte politisch zuzuspitzen, obwohl sie damit nicht den Aporien des Volkes entgehen.[147] Populistische Bewegungen fordern uns auf, über Handlungsmöglichkeiten und neue Regeln nachzudenken – und eben nicht in der starren Antithese zu verharren und die populistische Behauptung, das Volk zu repräsentieren, einfach nur zu negieren.

Interessanterweise liefert der Konflikt um den Bahnhofsausbau in Stuttgart (»Stuttgart 21«) ein Beispiel für die Vielfalt demokratischer Formen. Das Projekt durchlief ordnungsgemäß alle rechtsstaatlichen Verfahren; 2006 beschloss der baden-württembergische Landtag, also die rechtmäßig gewählte Volksvertretung, mit 115 gegen 15 Stimmen, »Stuttgart 21« zu realisieren. Kritik am Projekt gab es von Anfang an, die zunächst 2007 zu einem Bürgerbegehren in Stuttgart führte, um den Ausstieg der Stadt aus dem Projekt durchzusetzen. Der Stuttgarter Gemeinderat lehnte den Antrag auf Zulassung eines Bürger-

145 Möllers, Demokratie, S. 20.
146 Puhle, Was ist Populismus?, S. 32.
147 Laclau, On Populist Reason; Mouffe, Agonistik; vgl. Müller, Populismus, S. 117–123; Priester, Mystik und Politik.

entscheids ab, ebenso wie das Verwaltungsgericht Stuttgart, vor dem die Vertreter des Bürgerbegehrens gegen die Ablehnung geklagt hatten. Danach mehrten sich die Demonstrationen gegen »Stuttgart 21«, die in Sitzblockaden, Menschenketten und der Besetzung wie der Räumung des Schlossgartens im September 2010 kulminierten, wobei mehrere Hundert Menschen durch den Polizeieinsatz verletzt wurden. In dieser zugespitzten Situation schlug der ehemalige CDU-Generalsekretär und Sozialminister Heiner Geißler ein »Schlichtungsverfahren« vor – ein demokratisches Experiment. Befürworter und Gegner von »Stuttgart 21« trafen unter Geißlers Moderation mehrmals zusammen, diskutierten miteinander und erarbeiteten einen Kompromissvorschlag. In den Landtagswahlen im März 2011 wurden die Grünen, nicht zuletzt auch unter dem Eindruck der Atomreaktorhavarie in Fukushima, stärkste Partei und stellten nach jahrzehntelanger CDU-Vorherrschaft in Baden-Württemberg mit Winfried Kretschmann den Ministerpräsidenten einer rot-grünen Regierung. Der neue Landtag beschloss eine Volksabstimmung über ein verändertes Konzept von »Stuttgart 21«, dem im November 2011 annähernd 59 Prozent der Wählenden zustimmten.

»Stuttgart 21« zeigt gewissermaßen wie im Brennglas, wie sich die Legitimität demokratischer Verfahren verändert. An der formalen, rechtsstaatlichen Korrektheit des Zulassungsverfahrens des Projekts war nicht zu zweifeln, die demokratischen Verfahren waren eingehalten worden. Erst als Bürgerbegehren und Bürgerentscheid als ein möglicher, verfassungsgemäßer Einspruch abgelehnt wurden, radikalisierte sich der Unmut im Volk und spitzte sich so zu, dass ein demokratisches Experiment, das außerhalb

der verfassungsmäßigen demokratischen Verfahren stattfand, zur Deeskalation und Integration der »Wutbürger«,
wie sie damals erstmals genannt wurden, beitrug. Und
trotz aller formal legitimierten Verfahren zuvor brauchte
es auch noch eine nachholende Volksabstimmung, um die
aufgerissene Kluft zwischen Repräsentanten und Repräsentierten wieder zu schließen, von der politischen Um-
wälzung hinsichtlich der Regierung in Baden-Württemberg, die sicherlich auch ihren Grund im Konflikt um
»Stuttgart 21« besaß, ganz zu schweigen.

Pierre Rosanvallon spricht deshalb von einer »neuen
Ära der Legitimität«, die mit dem Wunsch der Bürgerinnen und Bürger nach einem Staat, der dem Gemeinwohl
dient, korrespondiert. Um diese Allgemeinheit herzustellen, braucht es erstens eine Transparenz gegenüber Parti-
kularitäten und Institutionen, die als Aufsichts- und Re-
gulierungsbehörden von niemandem zu vereinnahmen
seien, zweitens eine Pluralisierung der Ausdrucksformen
gesellschaftlicher Souveränität, und es müssen drittens
die jeweilige Vielfalt einer Situation berücksichtigt und
die gesellschaftlichen Besonderheiten anerkannt werden.
Diese drei Legitimitäten der Unparteilichkeit, der Reflexivität und Differenzierung sowie der Nähe, was der Achtung der Besonderheit entspricht, sind Teil eines Prozes-
ses der Dezentrierung der Demokratien, die sich immer
mehr über die elektoral-repräsentative Form hinaus entwickeln. Der alte Gegensatz von Staat und Gesellschaft,
vom politischen und sozialen Volk, wird hier zugunsten
einer komplexen Beziehung neu bestimmt.[148] David Van

148 Rosanvallon, Demokratische Legitimität.

Reybroucks Vorschlag, Wahlen nach antikem Vorbild durch Losverfahren zu ersetzen, würde als allgemeines Prinzip sicher die Entscheidungsfreiheit unzulässig einschränken. Aber auf kommunaler Ebene oder für spezifische Aufgaben ist die Partizipation von Bürgerinnen und Bürgern durch Losverfahren und damit die Übernahme von Verantwortung sicher ein innovativer Weg. So gehören zum Beispiel dem 2016 geschaffenen neunköpfigen Nationalen Begleitgremium zur Suche nach einem Endlager für hoch radioaktive Abfälle, das vom ehemaligen Bundesumweltminister und UNO-Umweltdirektor Klaus Töpfer geleitet wird, auch drei zufällig ausgewählte Bürgervertreter/innen an.

Konsequent kritisiert Rosanvallon auch Habermas' Theorie einer kommunikativen, deliberativen Demokratie, weil sie nach wie vor auf einer monistischen Auffassung von Volkssouveränität gründet. In der neuen Ära der Legitimität gebe es verschiedene Weisen, im Namen der Gesellschaft zu handeln und zu sprechen. Rosanvallon geht sogar noch einen Schritt weiter, indem er in seinem Buch *Die Gesellschaft der Gleichen* von einer »Gesellschaft der Singularitäten« spricht. »Die Gleichheit der Singularitäten beruht also mitnichten auf einem Streben nach ›Selbigkeit‹, sondern setzt im Gegenteil voraus, dass jedes Individuum sich durch das kundtut, was ihm eigen ist. Vielfalt ist in diesem Fall der Maßstab der Gleichheit. Letztere bedeutet, dass jeder seinen Weg finden und zum Gestalter seiner Geschichte werden kann, dass jeder gleichermaßen einzigartig ist.«[149]

149 Ders., Gesellschaft der Gleichen, S. 309.

Wäre es da nicht konsequent, ganz auf den Begriff des Volkes zu verzichten? Angela Merkel hat in ihrer Videoansprache zum 3. Oktober 2016 den Satz geprägt: »Alle sind das Volk«. Damit hat sie nicht nur in ihrer unnachahmlichen Art jedwedem Pathos, das Sätzen wie »Wir sind das Volk« innewohnt, gewissermaßen die Luft herausgelassen. Sie hat zudem in der nur scheinbaren Banalität der Aussage allen Versuchen eine Absage erteilt, die Zugehörigkeit zum Volk zu privilegieren. »Alle sind das Volk« heißt, alle gehören dazu, und es gibt keine kulturelle, religiöse, ethnische oder gar rassistische Exklusion. Damit weist Merkels Satz in die Richtung, die Rosanvallon beschreibt: Das Volk kann heute nur als Gesellschaft der Singularitäten auf der Basis gleicher Rechte verstanden und übersetzt werden.

In einer globalisierten Welt, in der zum einen nationalstaatliche Souveränität aufgegeben wird zugunsten inter- und transnationaler Kooperationen und Vereinbarungen – ein Prozess, der in Europa seit Jahrzehnten lebensweltliche Wirklichkeit darstellt und trotz aller »XX first«-Slogans der Populisten irreversibel ist –, in der zum anderen Individuen die Mobilität und Freizügigkeit, die der Globalisierungsprozess bietet, wie selbstverständlich in Anspruch nehmen, ist der Begriff des Volkes, der historisch im Kampf gegen das Ancien Régime und für die Bildung von souveränen Nationalstaaten unverzichtbar war und den Anspruch auf demokratische Selbstherrschaft begründete, anachronistisch geworden. Es, das Volk, hat sich selbst historisiert. In der Hand von Populisten indes kann der Begriff des Volkes dazu führen, kulturell, ethnisch exkludierende Gemeinschaften zu schaffen und einzelne Staaten wie *gated communities* abzuschotten – in der vergeblichen Hoffnung, damit globale Probleme lösen zu können und Zukunft zu gewinnen.

Doch was soll an die Stelle des Volkes treten? Vielleicht sollten wir den Blickwinkel ändern und statt auf politische Kollektive auf konkrete Menschen schauen und Hannah Arendts Forderung, »dass es so etwas gibt wie das Recht, Rechte zu haben«,[150] wiederaufnehmen. Sie hat treffend beobachtet, dass sich der Begriff des Menschen, der der Erklärung der Menschenrechte der Französischen Revolution zugrunde lag, sich nicht nach dem Individuum, sondern nach dem Volk richtete. Über lange Zeit waren nur die Nationalstaaten in der Lage, die Rechte von Menschen zu schützen, was jedoch in Zeiten, in denen Menschen aus ethnischen, religiösen, politischen oder rassistischen Gründen aus ihrem Land vertrieben werden oder vor Gewalt und Krieg fliehen müssen, sie in den Status von Rechtlosen, weil Staatenlosen wirft. »Die partikularen Rechte, die der Staatenlose in nicht-totalitären Ländern genießt und die sich vielfach mit den proklamierten Menschenrechten decken, können an der fundamentalen Situation der Rechtlosigkeit nicht das geringste ändern. Sein Leben, das unter Umständen durch private und öffentliche Wohlfahrtsorganisationen über Jahrzehnte erhalten wird, verdankt er der Mildtätigkeit privater oder der Hilflosigkeit öffentlicher Instanzen, in keinem Fall hat er ein Recht darauf, da es kein Gesetz gibt, das die Nationen zwingen könnte, ihn zu ernähren.«[151]

150 Arendt, Elemente und Ursprünge totaler Herrschaft, S. 476.
151 Ebenda, S. 474 f.

Hannah Arendt hat zugleich auf die Aporie der Menschenrechte aufmerksam gemacht, die nur gesichert sind, wenn sie geschützt werden können. Insofern werden staatliche Organisationen unverzichtbar bleiben. Aber die klassische Konstellation, Schutz und Freiheit durch Staatsbürgerschaft zu erlangen, ist nicht mehr, so resümiert Dieter Gosewinkel, an den hergebrachten Nationalstaat gebunden.[152] Schon jetzt gewährleisten etliche europäische Institutionen Grundrechte der europäischen Bürgerinnen und Bürger. Auch international ist eine Konstitutionalisierung des Völkerrechts zu beobachten, in Asien entstehen, so beobachtet Aihwa Ong, Zonen mit neuen Formen der Souveränität und flexiblen Staatsbürgerschaften.[153] Seit dem Vertrag von Maastricht 1992 haben EU-Bürger innerhalb der Europäischen Union ein kommunales Wahlrecht an dem Ort, an dem sie leben und arbeiten. In 15 EU-Staaten dürfen auch Nicht-EU-Bürger auf kommunaler Ebene wählen. Längst ist die Grenze zwischen Volk und Nicht-Volk nicht mehr hermetisch geschlossen, sondern durchlässiger geworden – und wird es in einer globalisierten Welt weiter werden. Das Volk, das stets nur territorial, in staatlichen Grenzen gedacht werden kann, entspricht nicht mehr der Lebenswirklichkeit von Menschen in der Gegenwart. Wenn Demokratie die Anerkennung der gleichen Freiheit aller ist, dann wäre es an der Zeit, nicht mehr das Volk in den Mittelpunkt einer demokratischen Ordnung zu stellen, sondern konkrete Menschen, die über gleiche Rechte verfügen, die es zu schützen gilt, gleich aus welchem Land sie

152 Gosewinkel, Schutz und Freiheit?, S. 654.
153 Ong, Flexible Staatsbürgerschaften.

kommen, an welchem Ort sie wohnen. Solche Menschen wären nicht atomisierte Monaden, sondern ihre Freiheit und Gleichheit könnten sich nur im Mit-Sein mit anderen Menschen entfalten.

Damit ist das Volk noch nicht aus der Politik verschwunden. Staatliche Strukturen werden ebenso erhalten bleiben wie Ansprüche auf souveränes Handeln. Nach wie vor wird ausgehandelt werden, wer zum demokratischen Wir gehört. Aber jene ausschließliche Spannung zwischen Repräsentierten und Repräsentanten, die absolute Unterscheidung von Volk und Nicht-Volk, die heute die politische Debatte in einem hohen Maß beherrscht, ließe sich bereits mittels längst existierender Mischformen demokratischer Verfahren und des Mutes zu einem »demokratischen Experimentalismus« (Hauke Brunkhorst) deeskalieren.

Es gibt allen Grund in einer Migrationsgesellschaft, verschiedene politische Partizipationsmöglichkeiten zu schaffen, egalitäre Verfahren auf unterschiedlichen Ebenen einzurichten, Legitimität für Entscheidungen bei denen zu gewinnen, die von diesen Entscheidungen betroffen sind, vor allem aber, den Betroffenen selbst eine Stimme in der gesellschaftlichen Auseinandersetzung um politisches Handeln zu geben. Es ist nicht einzusehen, warum in Deutschland seit Monaten über Flüchtlinge debattiert wird, ohne dass diese selbst zu Wort kommen. Eine Stimme haben, gehört zu werden, ist ohne Zweifel eine der wichtigsten Voraussetzungen der Demokratie.[154]

154 Ein vehementes Plädoyer, die Flüchtlingsfrage mit Demokratie zu verbinden, halten Bohmann/Sörensen, Multikulturalismus reloaded.

Das Volk ist nicht tot, aber es hat sich überlebt. Es kommt nun darauf an, dass wir das alte Volkskostüm ablegen, die heroische Bühne verlassen und uns als Menschen mit gleichen Rechten und gleicher Freiheit verstehen, die dabei sind, in Deutschland, in Europa und anderswo ihre politischen und sozialen Beziehungen neu zu regeln.

Literaturverzeichnis

Agnoli, Johannes, Die Transformation der Demokratie, Berlin 1967.

Anderson, Benedict, Die Erfindung der Nation. Zur Karriere eines folgenreichen Konzepts, Frankfurt am Main 1996.

Arendt, Hannah, Elemente und Ursprünge totaler Herrschaft, Frankfurt am Main 1955.

Arendt, Hannah, Über die Revolution, München 1965.

Aristoteles, Politik, Buch IV–VI. Übersetzt und eingeleitet von Eckart Schütrumpf, erläutert von Eckart Schütrumpf und Hans-Joachim Gehrke, Darmstadt 1996.

Bajohr, Frank/Michael Wildt (Hg.), Volksgemeinschaft. Neue Forschungen zur Gesellschaft des Nationalsozialismus, F. a. M. 2009.

Barkai, Avraham/Paul Mendes-Flohr, Aufbruch und Zerstörung 1918–1945 (Deutsch-jüdische Geschichte der Neuzeit, herausgegeben von Michael A. Meyer, Bd. 4), München 2000.

Bebnowski, David, Fundamentalopposition: Die ambivalente Anlehnung der AfD an »68«, http://www.zeitgeschichte-online.de/kommentar/aus-aktuellem-anlass [6. 6. 2017].

Bender, Justus, Was will die AfD? Eine Partei verändert Deutschland, München 2017.

Betz, Hans-Georg/Stefan Immerfall (Hrsg.), The New Politics of the Right: Neo-Populist Parties and Movements in Established Democracies, New York 1998.

Bielefeld, Ulrich, Nation und Gesellschaft. Selbstthematisierungen in Frankreich und Deutschland, Hamburg 2003.

Bock, Gisela, Frauen in der europäischen Geschichte. Vom Mittelalter bis zur Gegenwart, München 2005.

Bodin, Jean, Sechs Bücher über den Staat. Buch I–III. Übersetzt und mit Anmerkungen versehen von Bernd Wimmer. Eingeleitet und herausgegeben von P. C. Mayer-Tasch, München 1981.

Boeckh, Katrin, Von den Balkankriegen zum Ersten Weltkrieg. Kleinstaatenpolitik und ethnische Selbstbestimmung auf dem Balkan, München 1996.

Bohmann, Ulf/Sörensen, Paul, »Multikulturalismus reloaded. Demokratie in Zeiten von Flucht und Migration«, in: *Mittelweg 36*, 26 (2017), Heft 2, S. 3–14.

Bollmeyer, Heiko, Der steinige Weg zur Demokratie. Die Weimarer Nationalversammlung zwischen Kaiserreich und Republik, Frankfurt am Main 2007.

Bollmeyer, Heiko, Das »Volk« in den Verfassungsberatungen der Weimarer Nationalversammlung 1919 – ein demokratietheoretischer Schlüsselbegriff zwischen Kaiserreich und Republik, in: Alexander Gallus (Hg.), Die vergessene Revolution von 1918/19, Göttingen 2010, S. 57–83.

Braddick, Michael J. (Hg.), The Oxford Handbook of the English Revolution, Oxford 2015.

Bruendel, Steffen, Volksgemeinschaft oder Volksstaat. Die »Ideen von 1914« und die Neuordnung Deutschlands im Ersten Weltkrieg, Berlin 2003.

Büchner, Georg, Sämtliche Werke, Frankfurt am Main 1970.

Buchstein, Hubertus, Demokratietheorie in der Kontroverse, Baden-Baden 2009.

Buck-Morss, Susan, Hegel und Haiti. Für eine neue Universalgeschichte, Frankfurt am Main 2011.

Butler, Judith, Anmerkungen zu einer performativen Theorie der Versammlung. Aus dem Amerikanischen von Frank Born, Berlin 2016.

Çakir, Naime, PEGIDA: Islamfeindlichkeit aus der Mitte der Gesellschaft, in: Alexander Häusler (Hg.), Die Alternative für Deutschland. Programmatik, Entwicklung und politische Verordnung, Wiesbaden 2016, S. 149–162.

Cicero, De re publica/Vom Gemeinwesen. Übersetzt und herausgegeben von Karl Büchner, Stuttgart 1979.

Colliot-Thélène, Catherine, Demokratie ohne Volk, Hamburg 2011.

Därmann, Iris, »Damnatio ad bestias in Nordamerika. Gehorsamsproduktionen in der kolonialen Philosophie und politischen Zoologie Thomas Hobbes'«, in: *Leviathan. Berliner Zeitschrift für Sozialwissenschaft*, Sonderheft: Politische Ikonographie zwischen Identitäts- und Differenzrepräsentation, hrsg. von Eva Marlene Hausteiner und Sebastian Huhnholz, erscheint 2017.

Decker, Frank/Bernd Henningsen/Kjetil Jakobsen (Hg.), Rechtspopulismus und Rechtsextremismus in Europa. Die Herausforderung der Zivilgesellschaft durch alte Ideologien und neue Medien, Baden-Baden 2015.

Diehl, Paula, Das Symbolische, das Imaginäre und die Demokratie. Eine Theorie politischer Repräsentation, Baden-Baden 2015.

Diehl Paula/Felix Steilen (Hg.), Politische Repräsentation und das Symbolische. Historische, politische und soziologische Perspektiven, Wiesbaden 2016.

Dubiel, Helmut, Das Gespenst des Populismus, in: ders. (Hg.), Populismus und Aufklärung, Frankfurt am Main 1986, S. 33–50.

Ebert, Friedrich, Schriften, Aufzeichnungen, Reden, 2 Bde., Dresden 1926.

Eckel, Jan, Die Ambivalenz des Guten. Menschenrechte in der internationalen Politik seit den 1940ern, Göttingen 2014.

Etzemüller, Thomas, Suchbewegungen: Schwedens Weg in die »ambivalente Moderne«, in: Detlef Lehnert (Hg.), Gemeinschaftsdenken in Europa. Das Gesellschaftskonzept »Volksheim« im Vergleich 1900–1938, Köln/Weimar/Wien 2013, S. 149–169.

Evans, Richard, Das Dritte Reich, Band 1: Aufstieg, Band 2: Diktatur, Band 3: Krieg, München 2004–2009.

Foucault, Michel, Der Wille zum Wissen (Sexualität und Wahrheit, Band 1), Frankfurt am Main 1991.

Fraenkel, Ernst, Der Doppelstaat, in: ders., Gesammelte Schriften, Band 2: Nationalsozialismus und Widerstand. Herausgegeben von Alexander v. Brünneck, Baden-Baden 1999, S. 33–266.

Frei, Norbert, Vergangenheitspolitik. Die Anfänge der Bundesrepublik und die NS-Vergangenheit, München 1996.

Fücks, Ralf Freiheit verteidigen. Wir wir den Kampf um die offene Gesellschaft gewinnen, München 2017.

Funck, Marcus, »Wolfgang Gedeon. Wie antisemitisch ist dieser Politiker?«, in: *DIE ZEIT*, 9. September 2016.

Furet, François/Denis Richet, Die Französische Revolution, Frankfurt am Main 1968.

Gallo, Max, Robespierre. Herausgegeben und mit einem Nachwort von Daniel Schönpflug und Peter Schöttler. Aus dem Französischen von Pierre Bertaux und Bernd Witte, Stuttgart 2007.

Gosewinkel, Dieter, Schutz und Freiheit? Staatsbürgerschaft in Europa im 19. Und 20. Jahrhundert, Frankfurt am Main 2016.

Götz, Norbert, Ungleiche Geschwister. Die Konstruktion von nationalsozialistischer Volksgemeinschaft und schwedischem Volksheim, Baden-Baden 2001.

Grimm, Hans, Volk ohne Raum, München 1926.

Gusy, Christoph, Die Weimarer Reichsverfassung, Tübingen 1997.

Habermas, Jürgen, Faktizität und Geltung. Beiträge zur Diskurstheorie des Rechts und des demokratischen Rechtsstaates, 4., durchgesehene und erweiterte Auflage, Frankfurt am Main 1994.

Habermas, Jürgen, Inklusion versus Unabhängigkeit. Zum Verhältnis von Nation, Rechtsstaat und Demokratie, in: Manfred Hettling/ Paul Nolte (Hg.), Nation und Gesellschaft in Deutschland. Historische Essays, München 1996, S. 115–127.

Habermas, Jürgen, Glauben und Wissen. Friedenspreis des Deutschen Buchhandels 2001, Frankfurt am Main 2001.

Hacke, Jens, »Mehr Demokratie wagen«. Karriere einer Zauberformel, in: *Mittelweg 36*, 25 (2016), Heft 3, S. 5–28.

Hamilton, Alexander/James Madison/John Jay, Die Federalist-Artikel. Politische Theorie und Verfassungskommentar der amerikanischen Gründerväter. Herausgegeben, übersetzt, eingeleitet und kommentiert von Angela Adams und Willi Paul Adams, Paderborn u. a. 1994.

Hardtwig, Wolfgang, Volksgemeinschaft im Übergang. Von der Demokratie zum rassistischen Führerstaat, in: Detlef Lehnert (Hg.), Gemeinschaftsdenken in Europa. Das Gesellschaftskonzept »Volksheim« im Vergleich 1900–1938, Köln/Weimar/Wien 2013, S. 227–253.

Häusler, Alexander (Hg.), Die Alternative für Deutschland. Programmatik, Entwicklung und politische Verordnung, Wiesbaden 2016.

Heilbronner, Oded, Die Achillesferse des deutschen Katholizismus, Gerlingen 1998.

Heller, Hermann, Sozialismus und Nation, in: ders., Gesammelte Schriften, Band 1, Leiden 1971, S. 437–526.

Hettling, Manfred, Volksgeschichten im Europa der Zwischenkriegszeit, Göttingen 2003.

Hill, Christopher, The World Turned Upside Down. Radical Ideas During the English Revolution, Harmondsworth 1973.

Hobbes, Thomas, Leviathan oder Stoff, Form und Gewalt eines kirchlichen und bürgerlichen Staates. Herausgegeben und eingeleitet von Iring Fetscher, übersetzt von Walter Euchner, Frankfurt am Main 1984.

Hobsbawm, Eric, Nationen und Nationalismus. Mythos und Realität seit 1780, Frankfurt am Main 2005.

Hochgeschwender, Michael, Die Amerikanische Revolution. Geburt einer Nation, 1763–1815, München 2016.

Honneth, Axel, Plessner und Schmitt. Ein Kommentar zur Entdeckung ihrer Affinität, in: Wolfgang Eßbach/Joachim Fischer/Helmut Lethen (Hg.), Plessners »Grenzen der Gemeinschaft«. Eine Debatte, Frankfurt am Main 2002, S. 21–28.

Hunt, Lynn, Inventing Human Rights. A History, London 2007.

Joas, Hans, Die Sakralität der Person. Eine neue Genealogie der Menschenrechte, Berlin 2011.

Jureit, Ulrike (Hg.), Politische Kollektive. Die Konstruktion nationaler, rassischer und ethnischer Gemeinschaften, Münster 2001.

Jureit, Ulrike, Das Ordnen von Räumen. Territorium und Lebensraum im 19. und 20. Jahrhundert, Hamburg 2012.

Kant, Immanuel, Über den Gemeinspruch: Das mag in der Theorie richtig sein, taugt aber nicht für die Praxis, in: ders., Schriften zur Geschichtsphilosophie. Mit einer Einleitung herausgegeben von Manfred Riedel, Stuttgart 1985, S. 118–165.

Keller, Sven, Volksgemeinschaft am Ende. Gesellschaft und Gewalt 1944/45, München 2013.

Kershaw, Ian, Der Hitler-Mythos. Führerkult und Volksmeinung, Stuttgart 1999.

Kersting, Wolfgang, Die Vertragsidee des Contract social und die Tradition des neuzeitlichen Kontraktualismus, in: Jean-Jacques Rousseau, Vom Gesellschaftsvertrag oder Prinzipien des Staatsrechts. Herausgegeben von Reinhard Brandt und Karlfriedrich, Berlin 2000.

Kielmannsegg, Peter Graf u. a., »Der Federalist«, in: Manfred Brocker (Hg.), Geschichte des politischen Denkens. Ein Handbuch, Frankfurt am Main 2007, S. 349–363.

Klemperer, Victor, Curriculum Vitae. Erinnerungen 1881–1918. Herausgegeben von Walter Nowojski, 2 Bände, Berlin 1996.

Kluxen, Kurt, Geschichte und Problematik des Parlamentarismus, Frankfurt am Main 1983.

Knoch, Habbo, Die Zerstörung der sozialen Moderne. »Gemeinschaft« und »Gesellschaft« im Nationalsozialismus, in: David Reinicke/Kathrin Stern/Kerstin Thieler/Gunnar Zamzow (Hg.), Gemeinschaft als Erfahrung. Kulturelle Inszenierungen und soziale Praxis 1930–1960, Paderborn 2014, S. 21–34.

Koenen Andreas, Der Fall Carl Schmitt. Sein Aufstieg zum »Kronjuristen des Dritten Reichs«, Darmstadt 1995.

Koselleck, Reinhart, Volk, Nation, in: Geschichtliche Grundbegriffe. Historisches Lexikon zur politisch-sozialen Sprache in Deutschland. Herausgegeben von Otto Brunner, Werner Conze, Reinhart Koselleck, Band 7, Stuttgart 1978, S. 141–431.

Koselleck, Reinhart, »Neuzeit«. Zur Semantik moderner Bewegungsbegriffe, in: ders., Vergangene Zukunft. Zur Semantik geschichtlicher Zeiten, Frankfurt am Main 1979, S. 300–348.

Kriele, Martin, Einführung in die Staatslehre. Die geschichtlichen Legitimitätsgrundlagen des demokratischen Verfassungsstaates, 6., überarbeitete und erweiterte Auflage, Stuttgart/Berlin/Köln 2003.

Laclau, Ernesto, On Populist Reason, London/New York 2005.

Lehnert, Detlef, Zur Geschichte und Theorie des Gemeinschaftsdenkens im 20. Jahrhundert. Schweden in Vergleichsperspektiven, in: ders. (Hg.), Gemeinschaftsdenken in Europa. Das Gesellschaftskonzept »Volksheim« im Vergleich 1900–1938, Köln/Weimar/Wien 2013, S. 7–38.

Lepsius, Oliver, Die gegensatzaufhebende Begriffsbildung. Methodenentwicklungen in der Weimarer Republik und ihr Verhältnis zur Ideologisierung der Rechtswissenschaft unter dem Nationalsozialismus, München 1994.

Liermann, Rudolf, Das deutsche Volk als Rechtsbegriff im Reichs-Staatsrecht der Gegenwart, Berlin/Bonn 1927.

Lüdtke, Alf, Einleitung: Was ist und wer treibt Alltagsgeschichte?, in: ders. (Hg.), Alltagsgeschichte. Zur Rekonstruktion historischer Erfahrungen und Lebensweisen, Frankfurt am Main 1989, S. 9–47.

Luhmann, Niklas, Die Politik der Gesellschaft, Frankfurt am Main 2000.

Luhmann, Niklas, Inklusion und Exklusion, in: ders., Soziologische Aufklärung 6. Die Soziologie und der Mensch, Wiesbaden 2008, S. 226–259.

Mai, Gunther, »Verteidigungskrieg« und »Volksgemeinschaft«. Staatliche Selbstbehauptung, nationale Solidarität und soziale Befreiung in Deutschland in der Zeit des Ersten Weltkrieges (1900–1925), in: Wolfgang Michalka (Hg.), Der Erste Weltkrieg. Wirkung, Wahrnehmung, Analyse, München 1994, S. 583–602.

Mann, Michael, Die dunkle Seite der Demokratie. Eine Theorie der ethnischen Säuberung, Hamburg 2007.

Marx, Karl, Die Klassenkämpfe in Frankreich, in: ders./Friedrich Engels, Werke, Band 7, Berlin 1977, S. 9–107.

Massing, Peter/Gotthard Breit/Hubertus Buchstein (Hg.) unter Mitarbeit von Antonia Geissler, Demokratietheorien. Von der Antike bis zur Gegenwart, Schwalbach 2011.

Maus, Ingeborg, Zur Aufklärung der Demokratietheorie. Rechts- und demokratietheoretische Überlegungen im Anschluß an Kant, Frankfurt am Main 1994.

Meier, Christian/Hans Leo Reimann/Reinhart Koselleck/Hans Maier/Werner Conze, »Demokratie«, in: Geschichtliche Grundbegriffe. Historisches Lexikon zur politisch-sozialen Sprache in Deutschland. Herausgegeben von Otto Brunner, Werner Conze, Reinhart Koselleck, Band 1, Stuttgart 1972, S. 821–899.

Meier, Christian Die Entstehung des Politischen bei den Griechen, Frankfurt am Main 1980.

Meier, Christian/Paul Veyne, Kannten die Griechen die Demokratie?, Berlin 1988.

Meinecke, Friedrich, Bemerkungen zum Entwurf der Reichsverfassung, in: ders., Band 2: Politische Schriften und Reden. Herausgegeben und eingeleitet von Georg Kotowski, Darmstadt 1958, S. 299–312.

Meinecke, Friedrich, Von Schleicher zu Hitler. Volksgemeinschaft – nicht Volkszerreißung, in: ders., Band 2: Politische Schriften und Reden. Herausgegeben und eingeleitet von Georg Kotowski, Darmstadt 1958, S. 479–482.

Meinecke, Friedrich, Einleitung, zu: Ernst Troeltsch, Spektator-Briefe. Aufsätze über die deutsche Revolution und die Weltpolitik 1918/22. Mit einem Geleitwort von Friedrich Meinecke. Zusammengestellt und herausgegeben von H. Baron, Neudruck der Ausgabe Tübingen 1924, Aalen 1966, S. III–VIII.

Meldungen aus dem Reich 1938–1945. Die geheimen Lageberichte des Sicherheitsdienstes der SS. Herausgegeben von Heinz Boberach, Herrsching 1984.

Mergel, Thomas, Führer, Volksgemeinschaft und Maschine. Politische Erwartungsstrukturen in der Weimarer Republik und dem Nationalsozialismus 1918–1936, in: Wolfgang Hardtwig (Hg.), Politische Kulturgeschichte der Zwischenkriegszeit 1918–1939, Göttingen 2005, S. 91–127.

Mergel, Thomas, Parlamentarische Kultur in der Weimarer Republik. Politische Kommunikation, symbolische Politik und Öffentlichkeit im Reichstag, 3. überarbeitete Auflage, Düsseldorf 2012.

Merkel, Wolfgang (Hg.), Demokratie und Krise. Zum schwierigen Verhältnis von Theorie und Empirie, Wiesbaden 2015.

Möllers, Christoph, Demokratie – Zumutungen und Versprechen, Berlin 2008.

Mommsen, Wolfgang, Max Weber und die deutsche Politik 1890–1920, 2. überarbeitete, und erweiterte Auflage, Tübingen 1974.

Mouffe, Chantal, Agonistik. Die Welt politisch denken, Berlin 2014.

Moyn, Samuel, The Last Utopia. Human Rights in History, Cambridge 2010.

Mudde, Cas, The Populist Zeitgeist, in: *Government and Opposition*, 39 (2004), No 3, S. 541–563.

Mudde, Cas/Christóbal Rovira Kaltwasser (Hg.), Populism in Europe and the Americas: Threat or Corrective for Democracy? New York 2013.

Müller, Friedrich, Wer ist das Volk? Die Grundfrage der Demokratie – Elemente einer Verfassungstheorie VI, Berlin 1997.

Müller, Jan-Werner, Das demokratische Zeitalter. Eine politische Ideengeschichte Europas im 20. Jahrhundert, Berlin 2013.

Müller, Jan-Werner, Was ist Populismus? Ein Essay, Berlin 2016.

Müller, Tim B., Nach dem Ersten Weltkrieg. Lebensversuche moderner Demokratien, Hamburg 2014.

Müller, Tim B./Adam Tooze (Hg.), Normalität und Fragilität. Demokratie nach dem Ersten Weltkrieg, Hamburg 2015.

Müntzer, Thomas, Schriften und Briefe. Kritische Gesamtausgabe. Herausgegeben von Günther Franz, Gütersloh 1968.

Negt, Oskar, Der politische Mensch. Demokratie als Lebensform, Göttingen 2010.

Niethammer, Lutz, Kollektive Identität. Heimliche Quellen einer unheimlichen Konjunktur, Reinbek bei Hamburg 2000.

Nippel, Wolfgang, Antike oder moderne Freiheit?, Frankfurt am Main 2008.

Nolte, Paul, Die Ordnung der deutschen Gesellschaft. Selbstentwurf und Selbstbeschreibung im 20. Jahrhundert, München 2000.

Nolte, Paul, Was ist Demokratie? Geschichte und Gegenwart, München 2012.

Nolte, Paul (Hg.), Transatlantic Democracy in the Twentieth Century. Transfer and Transformation, Berlin/Boston 2016.

Nolzen, Armin, Inklusion und Exklusion im Dritten Reich. Das Beispiel NSDAP, in: Frank Bajohr/Michael Wildt (Hg.), Volksgemeinschaft. Neue Forschungen zur Gesellschaft des Nationalsozialismus, Frankfurt am Main 2009, S. 60–77.

Ochoa Espejo, Paulina, The Time of Popular Sovereignty. Process and the Democratic State, University Park 2011.

Ong, Aihwa, Flexible Staatsbürgerschaften. Die kulturelle Logik von Transnationalität, Frankfurt am Main 2005.

Peukert, Detlev J. K., Volksgenossen und Gemeinschaftsfremde. Anpassung, Ausmerze und Aufbegehren unter dem Nationalsozialismus, Köln 1982.

Pfahl-Traughber, Armin, »Die AfD und der Antisemitismus. Eine Analyse zu Positionen, Skandalen und Verhaltensweisen«, in: Jahrbuch für Antisemitismusforschung 25, hrsg. von Stefanie Schüler-Springorum für das Zentrum für Antisemitismusforschung der Technischen Universität Berlin, Berlin 2016, S. 271–297.

Plessner, Helmuth, Grenzen der Gemeinschaft. Eine Kritik des sozialen Radikalismus [1924], Frankfurt am Main 2002.

Preuß, Hugo, Volksstaat oder verkehrter Obrigkeitsstaat, in: ders., Staat, Recht und Freiheit. Aus 40 Jahren deutscher Politik und Geschichte, Tübingen 1926, S. 365–368.

Preuß, Hugo, Das Verfassungswerk von Weimar, in: ders., Staat, Recht und Freiheit. Aus 40 Jahren deutscher Politik und Geschichte, Tübingen 1926, S. 421–428.

Priester, Karin, Populismus. Historische und aktuelle Erscheinungsformen, Frankfurt am Main 2007.

Priester, Karin, Wesensmerkmale des Populismus, in: *Aus Politik und Zeitgeschichte* (5–6/2012), S. 3–9 [URL: http://www.bpb.de/apuz/75848/wesensmerkmale-des-populismus?p=all (6. 6. 2017)].

Priester, Karin, Rechter und linker Populismus, Annäherung an ein Chamäleon, Frankfurt am Main 2012.

Priester, Karin, Mystik und Politik. Ernesto Laclau, Chantal Mouffe und die radikale Demokratie, Würzburg 2014.

Puhle, Hans-Jürgen, Was ist Populismus?, in: Helmut Dubiel, Populismus und Aufklärung, Frankfurt am Main 1986, S. 12–32.

Rancière, Jacques, Zehn Thesen zur Politik, Zürich/Berlin 2008.

Raulet, Gérard, Die Modernität der »Gemeinschaft«, in: Micha Brumlik/Hauke Brunkhorst (Hg.), Gemeinschaft und Gerechtigkeit, Frankfurt am Main 1993, S. 72–93.

Reeken, Dietmar von/Malte Thießen (Hg.), »Volksgemeinschaft« als soziale Praxis. Neue Forschungen zur NS-Gesellschaft vor Ort, Paderborn 2013.

Retterath, Jörn, »Was ist das Volk?«. Volks- und Gemeinschaftskonzepte der politischen Mitte in Deutschland 1917–1924, Berlin/Boston 2016.

Reybrouck, David Van, Gegen Wahlen. Warum Abstimmen nicht demokratisch ist, Göttingen 2016.

Robespierre, Maximilien, Ausgewählte Texte. Deutsch von Manfred Unruh. Mit einer Einleitung von Carlo Schmid, Hamburg 1989.

Rohe, Karl, Das Reichsbanner Schwarz-Rot-Gold. Ein Beitrag zur Geschichte und Struktur der politischen Kampfverbände zur Zeit der Weimarer Republik, Düsseldorf 1966.

Rosanvallon, Pierre, Demokratische Legitimität. Unparteilichkeit – Reflexivität – Nähe, Hamburg 2010.

Rosanvallon, Pierre, Die Gesellschaft der Gleichen, Hamburg 2013.

Rousseau, Jean-Jacques, Vom Gesellschaftsvertrag oder Grundsätze des Staatsrechts. In Zusammenarbeit mit Eva Pietzcker neu übersetzt und herausgegeben von Hans Brockard, Stuttgart 2003.

Rudé, George, Die Volksmassen in der Geschichte. England und Frankreich 1730–1848, Frankfurt am Main 1977.

Schmidt, Manfred G., Demokratietheorien. Eine Einführung, Wiesbaden 2008.

Schmiechen-Ackermann, Detlef (Hg.), »Volksgemeinschaft«: Mythos, wirkungsmächtige Verheißung oder soziale Realität im »Dritten Reich«? Zwischenbilanz einer kontroversen Debatte, Paderborn 2012.

Schmitt, Carl, Die geistesgeschichtliche Lage des heutigen Parlamentarismus [1923], Berlin 1996.

Schmitt, Carl, Verfassungslehre [1928], Berlin 1993.

Schmitt, Carl, Über die drei Arten des rechtswissenschaftlichen Denkens, Hamburg 1934.

Schröder, Hans-Christoph, Die Revolutionen Englands im 17. Jahrhundert, Frankfurt am Main 1986.

Schulze, Hagen, Staat und Nation in der europäischen Geschichte, 2. durchgesehene Auflage, München 1995.

Schwartz, Michael, Ethnische »Säuberungen« in der Moderne. Globale Wechselwirkungen nationalistischer und rassistischer Gewaltpolitik im 19. und 20. Jahrhundert, München 2013.

Sieyes, Emmanuel Joseph, Was ist der dritte Stand?, in: ders., Politische Schriften 1788–1790. Übersetzt und herausgegeben von Eberhard Schmitt und Rolf Reichardt, Darmstadt 1975.

Steber, Martina/Bernhard Gotto (Hg.), Visions of Community in Nazi Germany. Social Engineering and Private Lives, Oxford 2014.

Steinert, Marlis, Hitlers Krieg und die Deutschen, Düsseldorf 1970.

Steuwer, Janosch, »Was meint und nützt das Sprechen von der ›Volksgemeinschaft‹? Neuere Literatur zur Gesellschaftsgeschichte des Nationalsozialismus, in: *Archiv für Sozialgeschichte* 53 (2013), S. 487–534.

Süß, Dietmar/Winfried Süß, »Volksgemeinschaft« und Vernichtungskrieg. Gesellschaft im nationalsozialistischen Deutschland, in: dies. (Hg.), Das »Dritte Reich«. Eine Einführung, München 2008, S. 79–102.

Thamer, Hans-Ulrich, Nation als Volksgemeinschaft. Völkische Vorstellungen, Nationalsozialismus und Gemeinschaftsideologie, in: Jörg-Dieter Gauger/Klaus Weigelt (Hg.), Soziales Denken in Deutschland zwischen Tradition und Innovation, Bonn 1990, S. 112–128.

Thamer, Hans-Ulrich, Volksgemeinschaft: Mensch und Masse, in: Richard van Dülmen (Hg.), Erfindung des Menschen. Schöpfungsträume und Körperbilder 1500–2000, Wien 1998, S. 367–388.

Thamer, Hans-Ulrich, Die Französische Revolution, München 2004.

Thießen, Malte, Schöne Zeiten? Erinnerungen an die »Volksgemeinschaft« nach 1945, in: Frank Bajohr/Michael Wildt (Hg.), Volksgemeinschaft. Neue Forschungen zur Gesellschaft des Nationalsozialismus, Frankfurt am Main 2009, S. 165–187.

Tiersch, Claudia (Hg.), Die Athenische Demokratie im 4. Jahrhundert. Zwischen Modernisierung und Tradition, Stuttgart 2016.

Tönnies, Ferdinand, Gemeinschaft und Gesellschaft. Grundbegriffe der reinen Soziologie, Nachdruck der 8. Auflage von 1935, Darmstadt 1963.

Torre, Carlos de la (Hg.), The Promise and Perils of Populism. Global Perspectives, Lexington 2015.

Vorländer, Hans, Demokratie. Geschichte, Formen, Theorien, München 2003.

Weber, Eugen, Peasants into Frenchman. The Modernization of Rural France, 1870–1917, Stanford 1976.

Weiß, Volker, Die autoritäre Revolte. Die Neue Rechte und der Untergang des Abendlandes, Stuttgart 2017.

Werz, Nikolaus (Hg.), Populismus. Populisten in Übersee und Europa, Opladen 2003.

Wildt, Michael, Die Ungleichheit des Volkes. »Volksgemeinschaft« in der politischen Kommunikation der Weimarer Republik, in: Frank Bajohr/Michael Wildt (Hg.), Volksgemeinschaft. Neue Forschungen zur Gesellschaft des Nationalsozialismus, Frankfurt am Main 2009, S. 24–40.

Wildt, Michael, »Volksgemeinschaft«, in: *Docupedia-Zeitgeschichte*, http://docupedia.de/zg/Volksgemeinschaft [22. 1. 2017]

Dank

Danken möchte ich Malte Beeker und Lieven Woelk, die mich bei der Recherche zur AfD tatkräftig und findig unterstützt haben. Iris Därmann und Linde Apel haben das Manuskript kritisch durchgesehen und mich in etlichen Gesprächen auf neue Gedanken gebracht. Ihnen danke ich herzlich, ebenso wie Annelies Scheel, die in bewährter Weise sorgfältig Korrektur gelesen hat. Für alle übrig gebliebenen Fehler bin selbstverständlich ich allein verantwortlich. Danken möchte ich ebenfalls Sabine Lammers, die als Lektorin die Entstehung dieses Manuskripts kompetent und engagiert begleitet hat. Und ich habe der Hamburger Stiftung zur Förderung von Wissenschaft und Kultur zu danken, vor allem deren Vorstand Jan Philipp Reemtsma, der mir im Sommersemester 2013 mit einem Forschungsstipendium die Möglichkeit bot, erste Recherchen zu diesem Buch zu unternehmen.

Zum Autor

Michael Wildt, Prof. Dr., Historiker, ist Professor für Deutsche Geschichte im 20. Jahrhundert mit Schwerpunkt im Nationalsozialismus an der Humboldt-Universität zu Berlin. Von 1997 bis 2009 war er wissenschaftlicher Mitarbeiter am Hamburger Institut für Sozialforschung im Bereich Theorie und Geschichte der Gewalt. Unter seinen zahlreichen Veröffentlichungen erschienen in der Hamburger Edition 2002 *Generation des Unbedingten. Das Führungskorps des Reichssicherheitshauptamtes*, mittlerweile in vierter Auflage, und 2007 *Volksgemeinschaft als Selbstermächtigung. Gewalt gegen Juden in der deutschen Provinz 1919 bis 1939*, die beide ins Englische übersetzt wurden. Zuletzt gab er zusammen mit Stefan Troebst den Band *Zwangsmigration im Europa der Moderne. Nationale Ursachen und transnationale Wirkungen*, Leipzig 2016, heraus.